AF275227

COLEX

GRACIAS POR CONFIAR EN COLEX

Disfrute gratuitamente DURANTE UN AÑO de los eBook, audiolibros y Colex Copilot de las obras de Editorial Colex*

ACTIVA TU CÓDIGO PARA ACCEDER A LOS SERVICIOS

1. Accede a **www.colex.es**.

2. Inicia sesión o regístrate como usuario.

3. Dirígete al menú de usuario y haz clic en **«Mis códigos»**.

4. Introduce el siguiente código **(RASCA PARA VER EL CÓDIGO)**:

◆ Una vez se valide el código, aparecerá una ventana de confirmación y su eBook / audiolibro / Colex copilot estarán activos **durante 1 año desde su activación** en la pestaña «Mis libros» en el menú de usuario.

*Los audiolibros están disponibles en las ediciones más recientes de nuestras obras. Se excluyen expresamente las colecciones «Códigos comentados», «Biblioteca digital» y los productos de www.vademecumlegal.es. Colex Copilot únicamente está disponible en las ediciones más recientes de las colecciones «Paso a paso» y «Vademecum».

No se admitirá la devolución si el código promocional ha sido manipulado y/o utilizado.

¡Gracias por confiar en nosotros!

La obra que acaba de adquirir incluye de forma gratuita la versión electrónica.

Acceda a nuestra página web para aprovechar todas las funcionalidades de las que dispone en nuestro lector.

Funcionalidades eBook

Acceso desde cualquier dispositivo con conexión a internet

Idéntica visualización a la edición de papel

Navegación intuitiva

Tamaño del texto adaptable

Síguenos en:

NUEVA FUNCIONALIDAD CON INTELIGENCIA ARTIFICIAL EN LOS LIBROS DE COLEX

| Una cortesía de Iberley.es |

En Colex damos un paso más en innovación jurídica. Desde ahora, las guías «Paso a paso» y los «Vademecum» incorporan una nueva funcionalidad basada en **inteligencia artificial**, gracias a la tecnología de **Iberley IA**.

El lector podrá interactuar directamente con el contenido del libro de forma inmediata, útil y centrada exclusivamente en su materia.

☑ **¿Qué puede hacer el usuario en el libro?**

💬 Realizar preguntas sobre el contenido del libro.

📚 Solicitar explicaciones de artículos, conceptos o normativa.

☀ Utilizar un ChatBot inteligente, contextualizado y acoplado al contenido legal del libro.

💡 Resolver dudas puntuales mientras se estudia o trabaja con la obra.

☒ **¿Qué no puede hacer esta versión del ChatBot?**

✗ No permite generar escritos jurídicos.

✗ No analiza ni responde documentos externos.

✗ No responde a consultas de otras materias distintas a la del libro.

Esta herramienta está pensada para enriquecer la experiencia de lectura y consulta del libro. Su uso es exclusivo sobre su contenido.

¿QUIERES IR MÁS ALLÁ? DESCUBRE IBERLEY IA

Si necesitas una **solución avanzada de inteligencia legal**, con cobertura total de materias y documentos, entra en **www.iberley.es** y accede a todas las funcionalidades profesionales:

CUADRO SIMBÓLICO DE FUNCIONALIDADES		
Funcionalidad	**En los libros Colex**	**En Iberley.es**
Preguntar sobre el contenido del libro	✓	✓
Solicitar explicaciones jurídicas	✓	✓
ChatBot integrado al contenido del libro	✓	✓
Consultas sobre otras materias	✗	✓
Análisis de documentos externos	✗	✓
Generación de escritos jurídicos	✗	✓
Traducción jurídica	✗	✓
Informes y resúmenes legales automáticos	✗	✓
Contratos, guías prácticas y emails para clientes	✗	✓
Estrategias judiciales y jurisprudencia instantánea	✗	✓

CLÁUSULA DE COMISIÓN DE APERTURA EN PRÉSTAMOS HIPOTECARIOS

Cómo y cuándo se puede reclamar la nulidad de esta cláusula y conseguir su devolución tras los pronunciamientos judiciales de 2025

CLÁUSULA DE COMISIÓN DE APERTURA EN PRÉSTAMOS HIPOTECARIOS

Cómo y cuándo se puede reclamar la nulidad de esta cláusula y conseguir su devolución tras los pronunciamientos judiciales de 2025

2.ª EDICIÓN 2026

Obra realizada por el Departamento de Documentación de Iberley

COLEX 2026

© Editorial Colex, S.L.
Calle Costa Rica, número 5, 3º B (local comercial)
A Coruña, C.P. 15004
info@colex.es
www.colex.es

I.S.B.N.: 979-13-7011-484-8
Depósito legal: C 2012-2025

SUMARIO

1.
EL CONTRATO DE PRÉSTAMO O CRÉDITO HIPOTECARIO DESDE EL PUNTO DE VISTA DEL CONSUMIDOR

La hipoteca como garantía del préstamo con el que se financia la compra de una vivienda

Cuando una vivienda se «compra con hipoteca», en realidad, se están celebrando dos contratos o negocios jurídicos distintos, pero íntimamente relacionados:

- Por un lado, se celebra una compraventa entre el vendedor de la vivienda y su comprador.
- Por otro, se concierta un préstamo con garantía hipotecaria, que es un contrato o negocio jurídico que se celebra entre el prestamista (la parte que lo concede, que será normalmente una entidad bancaria) y el prestatario (quien recibe el préstamo).

Por lo tanto, **la hipoteca no «paga» la vivienda, lo que financia su adquisición es el préstamo que se contrata con el banco**. La hipoteca simplemente es una forma de garantizar el cumplimiento de la obligación que asume quien solicita un préstamo, de devolver el capital recibido más los intereses en los términos que se hayan acordado. Haría las veces de un aval o de una fianza, como forma de asegurar el pago de la deuda, solo que en lugar de que sea otra persona la que actúe como garante, se constituye una garantía sobre un bien inmueble, que se afecta al pago. De modo que, si se dejan de pagar las cuotas del préstamo durante un determinado período de tiempo, la entidad bancaria estaría facultada para ejecutar la hipoteca, conforme a un determinado procedimiento, a fin de cobrar la deuda y los correspondientes intereses, enajenando para ello el inmueble.

A TENER EN CUENTA. Normalmente, la hipoteca se constituye sobre la misma vivienda que se adquiere, aunque también puede constituirse sobre otra vivienda u otro inmueble, en caso de que se disponga de ellos.

En este apartado nos centraremos en el análisis de esta figura, a fin de delimitar su contenido y funcionamiento básico. Asimismo, se repasarán las principales obligaciones que conlleva, los trámites para su contratación, los gastos que implica y quién tendrá que asumirlos, su tributación básica y otras cuestiones relativas a la vida y terminación del préstamo hipotecario.

> **CUESTIÓN**
>
> **¿Qué es una fianza como forma de garantía de un préstamo? ¿Qué la diferenciaría de una hipoteca?**
>
> La fianza es una forma de garantizar el cumplimiento de una obligación dineraria, en virtud de la cual el fiador se obliga a pagar o a cumplir por el deudor principal (el afianzado), en caso de que este no lo haga. Se regula en los artículos 1822 del CC y siguientes.
>
> La fianza es una forma de asegurar el pago de una deuda que recae sobre una persona: es una persona la que se obliga a pagar si no lo hace el deudor principal. Sin embargo, en la hipoteca, el respaldo no lo ofrece una persona, sino que recae sobre un bien (inmueble), que se sujeta a responder del pago de la deuda.

¿Qué es un préstamo con garantía hipotecaria?

Un préstamo hipotecario es una forma de financiar la adquisición de una vivienda, por medio de la cual una **entidad bancaria concede al futuro comprador una determinada cantidad de dinero y este asume la obligación de devolver ese capital a largo plazo, junto con los intereses estipulados**, a través del pago de **cuotas periódicas** (normalmente, mes a mes). Y, todo ello, con el respaldo de una garantía muy específica que asegura al banco el cobro de lo que le corresponde: la hipoteca que se constituye sobre la propia vivienda que se adquiere (eso será lo más habitual, aunque también podría constituirse sobre otro inmueble). Se trata, por tanto, de una única operación que en realidad tiene dos caras: la del préstamo y la de la garantía (la hipoteca).

Las partes en este tipo de operaciones son dos:

- El prestamista, que sería aquel que concede el préstamo y pone el capital a disposición de la otra parte, a cambio de una determinada retribución (los intereses).

- El prestatario, que sería la parte que recibe el préstamo y se compromete a su devolución, junto con los oportunos intereses y en los plazos y términos que se hayan establecido.

Por lo demás, la configuración básica del préstamo gira en torno a tres elementos clave:

- El **capital**. El capital del préstamo es el importe o cantidad de dinero que se pide al banco, excluidos los intereses. Normalmente, en los préstamos con garantía hipotecaria, la entidad bancaria suele concederlos por el 80 % del valor del inmueble, de modo que la parte restante (alrededor del 20 %) debería tenerse ahorrada por el interesado o bien obtenerse por otra vía. Sin embargo, también puede solicitarse un préstamo al 100 %, que cubra todo el valor del inmueble y no requiera de entrada; aunque este tipo de préstamos suelen ser más caros y exigir condiciones más estrictas para su concesión. En el caso de no contar con la estabilidad económica necesaria para ello, otras opciones habituales para obtener este tipo de préstamos podrían pasar por el otorgamiento de una segunda garantía (a mayores de la hipoteca sobre la vivienda), por ejemplo, constituyendo otra hipoteca sobre otro inmueble o una garantía personal a través de un aval privado o concedido por el ICO.

> **A TENER EN CUENTA**. Además de la entrada, es recomendable tener un colchón extra para cubrir otros gastos asociados a la compra, como podrían ser los impuestos y los gastos de notaría o gestoría.

- El **tipo de interés**. El tipo de interés es el precio del dinero. Consiste en un porcentaje que determina la contraprestación que la entidad bancaria cobra a cambio de prestar el dinero. Podrá ser fijo o variar según cómo evolucione el índice de referencia que se haya establecido.

- El **plazo de amortización**. Es el período de tiempo a lo largo del cual se irán pagando las cuotas del préstamo, en condiciones normales y salvo que se realice una amortización anticipada (esto es, que se pague el préstamo antes de la fecha de su vencimiento). Los préstamos con garantía hipotecaria suelen ser operaciones con un plazo largo de amortización. En ese sentido, tal y como apunta el Banco de España en su portal electrónico: cuanto más largo sea el plazo (si no varían las demás condiciones del préstamo), las cuotas serán menores, pero los intereses totales serán más elevados.

Por lo que se refiere a la hipoteca, consiste en una garantía que sujeta directa e inmediatamente los bienes sobre los que se impone, cualquiera que sea su poseedor, al cumplimiento de la obligación para cuya seguridad fue constituida (artículo 104 de la Ley hipotecaria, aprobada por Decreto de 8 de febrero de 1946 —en adelante, LH—). En principio, para que la **hipoteca** quede válidamente establecida, **será necesario que se constituya en escritura pública y que esa escritura se inscriba en el registro de la propiedad**. De ahí que la entidad bancaria exija la inscripción de la vivienda en el registro de la propiedad para conceder la hipoteca, para que pueda inscribirse también la hipoteca y que esta quede válidamente constituida, desplegando todos sus efectos.

Sea como fuere, dada la complejidad de estas operaciones y el desequilibrio evidente entre ambas partes (entidad bancaria y cliente), lo cierto es que existe una norma específica que establece una serie de normas para proteger a las personas físicas que contraten préstamos garantizados con hipoteca sobre inmuebles de uso residencial o cuya finalidad sea adquirir o conservar derechos de propiedad sobre terrenos o inmuebles construidos o por construir; y siempre que los contraten con entidades bancarias o con personas o entidades que se dediquen profesionalmente a la concesión de préstamos hipotecarios. Es la **Ley 5/2019, de 15 de marzo, reguladora de los contratos de crédito inmobiliario**. Básicamente, esa norma lo que hace es configurar las reglas básicas de transparencia que han de regir estos contratos, el régimen jurídico de los prestamistas e intermediarios de crédito inmobiliario, incluida la obligación de llevar a cabo una evaluación de la solvencia antes de conceder el préstamo, estableciendo un régimen de supervisión y de sanción, así como las normas de conducta aplicables a la actividad de ciertas empresas o profesionales que trabajan en este sector (como los prestamistas o asesores).

CUESTIÓN

¿Qué es la hipoteca inversa? ¿Tiene algo que ver con el préstamo hipotecario?

La hipoteca inversa no es una forma de garantizar la devolución de un préstamo contratado para comprar una vivienda. Es más bien una figura que permite obtener financiación a determinadas personas que tienen una vivienda en propiedad.

Consiste en un producto financiero que permite a las personas mayores o dependientes utilizar una parte de su patrimonio inmobiliario para aumentar su renta durante los últimos años de la vida. Consiste en un préstamo o crédito hipotecario por medio del cual el propietario de un inmueble realiza disposiciones, normalmente periódicas (aunque la disposición puede realizarse de una sola vez), hasta un importe máximo determinado por un porcentaje del valor de tasación en el momento de la constitución. Cuando se alcanza dicho porcentaje, el interesado deja de disponer de la renta y la deuda sigue generando intereses, que suelen ser más altos que los habituales. La recuperación del crédito dispuesto y de los intereses por parte de la entidad financiera tiene lugar, en la mayoría de los casos, de una vez al fallecimiento del propietario (mediante la cancelación de la deuda por sus herederos o la ejecución de la garantía hipotecaria por la entidad).

2.
LA COMISIÓN DE APERTURA

¿Qué es la comisión de apertura?

La **derogada Orden de 5 de mayo de 1994, sobre transparencia de las condiciones financieras de los préstamos hipotecarios**, en el apartado 4 de su anexo II, se refiere a la comisión de apertura en los siguientes términos:

> «1. Comisión de apertura.- Cualesquiera gastos de estudio del préstamo, de concesión o tramitación del préstamo hipotecario, u otros similares inherentes a la actividad de la entidad prestamista ocasionada por la concesión del préstamo, deberán obligatoriamente integrarse en una única comisión, que se denominará «comisión de apertura» y se devengará por una sola vez. Su importe, así como su forma y fecha de liquidación, se especificarán en esta cláusula».

En la actualidad, el **artículo 14.4 de la Ley 5/2019, de 15 de marzo**, reguladora de los contratos de crédito inmobiliario, señala que:

> «4. **Si se pactase una comisión de apertura, la misma se devengará una sola vez y englobará la totalidad de los gastos de estudio, tramitación o concesión del préstamo u otros similares inherentes a la actividad del prestamista** ocasionada por la concesión del préstamo. En el caso de préstamos denominados en divisas, la comisión de apertura incluirá, asimismo, cualquier comisión por cambio de moneda correspondiente al desembolso inicial del préstamo».

Por lo que, se deduce del citado artículo que la cláusula de apertura de una hipoteca tiene como objeto resarcir por parte del consumidor:

- Gastos de **estudio**.
- **Viabilidad** del préstamo hipotecario.
- **Tramitación**.
- **Concesión** del préstamo hipotecario.
- Otro tipo de **gestiones que sean inherentes a la actividad** del préstamo hipotecario.

¿Cuándo se considera que la cláusula de apertura es abusiva?

Como veremos, la abusividad de esta cláusula ha sido objeto de controversia por las sentencias contradictorias dictadas por las distintas audiencias provinciales y por el Tribunal Supremo, si bien, en la actualidad, nuestro Alto Tribunal ha dejado claro que no puede considerarse una cláusula abusiva «per se», sino que depende de un análisis detallado de cada caso concreto. Véanse, a modo de ejemplo, la **STS n.º 964/25, de 17 de junio, ECLI:ES:TS:2025:2618**, que no la considera abusiva, y la **STS n.º 1621/2025, de 12 de noviembre, ECLI:ES:TS:2025:4955**, que sí la considera abusiva.

El **artículo 3 de la Directiva 93/13/CEE del Consejo, de 5 de abril de 1993**, sobre las cláusulas abusivas en los contratos celebrados con consumidores establece que, **las cláusulas contractuales que no se hayan negociado individualmente se considerarán abusivas** si, pese a las exigencias de la buena fe, **causan en detrimento del consumidor un desequilibrio importante entre los derechos y obligaciones de las partes** que se derivan del contrato. Pero **¿cuándo se considerará que una cláusula no se ha negociado individualmente?** La respuesta es clara: cuando haya sido redactada previamente y el consumidor no haya podido influir sobre su contenido.

> **CUESTIÓN**
>
> **Los estudios de evaluación o evoluciones propias de la entidad bancaria para observar si un cliente es idóneo para la concesión de un préstamo hipotecario, ¿pueden repercutírsele al consumidor a través de una comisión de apertura?**
>
> Para responder a esta cuestión la sentencia de la Audiencia Provincial de Las Palmas n.º 58/2025, de 28 de enero, ECLI:ES:APGC:2025:277, citando los pronunciamientos del TJUE que se analizan en el tema correspondiente, afirma que la comisión de apertura tiene que ser por servicios efectivamente prestados y gastos en los que se haya incurrido, pero no entrarían dentro de estos gastos, los estudios o evoluciones propias para observar si un cliente es idóneo para la concesión del préstamo hipotecario, pues estos gastos no serían servicios prestados al consumidor por la entidad bancaria, por lo que procedería la declaración de nulidad de la cláusula.

Si bien, la cláusula de apertura no es en sí ilícita ni nula por el hecho de incluirla en un contrato de préstamo hipotecario, la misma **ha de responder a servicios efectivamente prestados o gastos habidos que puedan acreditarse.**

Así, el **artículo 14.3 de la Ley 5/2019, de 15 de marzo, reguladora de los contratos de crédito inmobiliario**, dispone:

> «3. Solo podrán repercutirse gastos o percibirse comisiones por servicios relacionados con los préstamos que hayan sido solicitados en firme o aceptados expresamente por un prestatario o prestatario potencial y **siempre que respondan a servicios efectivamente prestados o gastos habidos que puedan acreditarse**».

Por lo tanto, la abusividad de este tipo de cláusulas no sólo se centra en su carácter negociado, ni en su conocimiento previo por parte del consumidor, **sino que resulta esencial para determinar su abusividad y nulidad, que la entidad bancaria pueda probar la relación de la misma con alguna clase de servicio que sirva como contrapartida del cobro de la citada comisión.**

Es muy interesante a este respecto, lo argumentado por la **sentencia de la Audiencia Provincial de Huelva n.º 705/2025, de 24 de septiembre, ECLI:ES:APH:2025:1020**:

> «**Carece de sentido que quien desea obtener financiación o recabar un préstamo deba comenzar satisfaciendo una cantidad al prestamista, pago que es previo a obtener una mayor, de restitución aplazada. Y el des**equilibrio es completo ya que no existe nada que deba ser compensado por ese concepto; nada se recibe a cambio del pago de la comisión».

Pese a ello, el Tribunal Supremo insiste en que «(...) *no cabe una solución unívoca sobre la validez o invalidez de la cláusula que establece la comisión de apertura, puesto que dependerá del examen individualizado de cada caso, conforme a la prueba practicada*», y señala, de cara a valorar la proporcionalidad de la cláusula, que según las estadísticas del coste medio de comisiones de apertura en España accesibles en internet, dicho coste oscila entre 0,25 % y 1,50 %, lo que implicaría que si la comisión se encuentra entre estos parámetros pueda considerarse proporcional (**STS n.º 816/2023, de 29 de mayo, ECLI:ES:TS:2023:2131**).

Además, nuestro Alto Tribunal, se hace eco de las últimas sentencias del TJUE en la materia, y en sus **STS n.º 964/25, de 17 de junio, ECLI:ES:TS:2025:2618**, y **STS n.º 965/25, de 17 de junio, ECLI:ES:TS:2025:2619**, señala distintos aspectos que deben de considerarse para valorar si la cláusula supera el control de transparencia y el control de abusividad, que se estudiarán con detenimiento en el punto correspondiente.

Siguiendo esta línea, cabe citar como ejemplos recientes, la **STS n.º 1621/2025, de 12 de noviembre, ECLI:ES:TS:2025:4955**, que reitera su doctrina, si bien aplicándola al caso concreto, en esta ocasión, declara abusiva y nula la comisión de apertura del 2,17 % en un préstamo, y la **STS n.º 1625/2025, de 12 de noviembre, ECLI:ES:TS:2025:5086**, que declara abusiva una comisión de apertura por no resultar transparente al establecer un porcentaje, pero no la cifra sobre la que se aplica.

2.1. La STS de 23 de enero de 2019: la comisión de apertura del préstamo hipotecario no es abusiva

¿Cuál es la postura del TS sobre la abusividad de la cláusula de apertura en la STS 44/2019?

Para dar respuesta a esta pregunta resulta especialmente clarificadora la **sentencia del Tribunal Supremo n.º 44/2019, de 23 de enero, ECLI:ES:TS:2019:102**, a través de la cual nuestro Alto Tribunal consolida su postura en esta materia: **la comisión de apertura es parte sustancial del precio y no será abusiva si supera el control de transparencia.**

En la referida sentencia se hace alusión al concierto de un préstamo hipotecario con la finalidad de adquirir una vivienda. El contrato en cuestión integraba una serie de condiciones generales predispuestas por el prestamista que motivaron una posterior demanda de nulidad de alguna de las cláusulas y la reclamación de los importes abonados en concepto de estas.

Entre las cláusulas cuya nulidad se solicita cabe citar la **cláusula que establecía una comisión de apertura del 0,85 %. En primera instancia se desestimó la nulidad de esta cláusula** toda vez que se consideraba que la comisión de apertura formaba parte del precio.

La petición de nulidad de la comisión de apertura **se reitera en segunda instancia, si bien la audiencia provincial sí declaró la nulidad de la citada comisión condenando al banco a la restitución de la cantidad cobrada** en tal concepto.

Esto último motiva el posterior **recurso de casación por parte del banco** que, en lo que se refiere a la comisión de apertura, se fundamenta de la siguiente manera:

- **La comisión de apertura forma parte del precio total del contrato de préstamo**, es un elemento destacado del mismo y como tal permite valorar el precio total del crédito y comparar las distintas ofertas.

- **La citada comisión está en conexión con prestaciones y tareas a cargo del prestamista que son inseparables** y constituyen presupuesto necesario de la concesión del crédito.

- De lo anterior se infiere que **la cláusula de comisión de apertura define el objeto principal del contrato en los términos del artículo 4.2 de la Directiva 93/13/CEE del Consejo, de 5 de abril de 1993**, sobre las cláusulas abusivas en los contratos celebrados con consumidores, por lo tanto, *«(...) es una cláusula que, de superar el control de transparencia, está excluida del control de abusividad del artículo 82.1 del TRLCU».*

Pues bien, a la vista de todo lo anterior, el TS se ha pronunciado respecto de la comisión de apertura en los términos que se analizan a continuación y atendiendo a los principales argumentos de la audiencia provincial en favor del carácter abusivo de la cláusula.

|| a) La comisión de apertura forma parte del precio del contrato

El TS declara que la comisión de apertura, junto con el interés remuneratorio, constituye **parte principal del precio del préstamo**:

> «(...) la comisión de apertura no es una partida ajena al precio del préstamo; por el contrario, el interés remuneratorio y la comisión de apertura constituyen las dos partidas principales del precio del préstamo, en cuanto que son las principales retribuciones que recibe la entidad financiera por conceder el préstamo al prestatario, y no corresponden a actuaciones o servicios eventuales».

Asimismo, añade que se trata del cobro de una partida del precio que el banco pone a sus servicios, defender la postura contraria entiende el Alto Tribunal que llevaría al absurdo «(...) de que, para que el banco pudiera cobrar por estas actuaciones, las mismas habrían de estar externalizadas en una tercera entidad y solo en ese caso el banco podría repercutir en el cliente el precio cobrado por esa tercera entidad, que muy posiblemente pertenecería a su mismo grupo societario».

b) Transparencia de la comisión de apertura

La comisión de apertura es objeto de regulación tanto por la normativa europea como por el derecho nacional a los efectos de asegurar su transparencia, en este sentido debe, entre otros aspectos, incluirse en el cálculo de la tasa anual equivalente (TAE) así como incorporarse a la información precontractual sobre el precio total del producto o servicios y en las fichas de información normalizada previstas en las normas sobre transparencia bancaria.

c) Actividades necesarias para la concesión del préstamo que permiten cobrar la comisión de apertura

La naturaleza del préstamo y de las operaciones necesarias para su concesión exigen la realización por la entidad financiera de una serie de actividades de naturaleza diferente al servicio de disposición del dinero, de ahí que quede justificado el posible cobro por aquella entidad y como parte del precio de la comisión de apertura.

No obstante, no se exige que la entidad financiera pruebe la realización de las actividades mencionadas ni el coste de las mismas. La mayor parte de las actuaciones no son prescindibles para el banco en tanto se exigen por las normas sobre solvencia bancaria y las de protección del consumidor frente al sobreendeudamiento. Se trata de actuaciones imprescindibles para la concesión del préstamo.

d) La comisión de apertura y otras comisiones

El TS entiende que la comisión de apertura difiere del tratamiento de las demás comisiones en tanto no ha de acreditarse la efectiva prestación del servicio prestado, sino que formará parte integrante del precio.

e) Proporcionalidad de la comisión de apertura

El hecho de exigir que se pruebe la proporcionalidad del importe de la comisión de apertura respecto al coste de la concesión del préstamo supone un control de precios excluido del por el citado artículo 4.2 de la Directiva 93/13/CEE del Consejo, de 5 de abril de 1993, e implica serias dificultades prácticas, además de impedir fijar su cuantía por anticipado:

> «La fijación anticipada del importe de la comisión de apertura es una exigencia ineludible de las normas que regulan la transparencia en este tipo de operaciones bancarias».

La cláusula de la comisión de apertura está excluida del control de contenido, de manera que no procede que el juez realice un control de precios que pueda anular aquella porque el precio sea desproporcionado a la prestación.

‖ Conclusión

De todo lo hasta aquí expuesto concluye el TS que la comisión de apertura no es un pago que deba efectuar el prestatario por el disfrute del préstamo, sino que constituye, con el interés remuneratorio, uno de los elementos principales del precio, esto es, un pago que el prestatario ha de hacer por la concesión y disfrute del préstamo en los términos del artículo 4.2 de la Directiva 93/13/CEE del Consejo, de 5 de abril de 1993.

Añade el TS:

> «23.-Que algunas entidades financieras hayan optado por no cobrar comisión de apertura no supone otra cosa que, en el ejercicio de la libertad de empresa, han preferido limitar el precio de su servicio al cobro de un interés remuneratorio, pero no configura como abusiva la opción de dividir ese precio en una comisión de apertura, que se cobra de una vez cuando se concede el préstamo, y en un interés remuneratorio que se cobra durante toda la duración del préstamo».

Por todo ello, **revoca la declaración de abusividad de la comisión de apertura y la condena al banco a restituir el importe abonado en aquel concepto.** Considera no abusiva la cláusula siempre y cuando supere el control de transparencia.

2.2. La STJUE de 16 de julio de 2020: posible nulidad de la cláusula de comisión de apertura

Carácter abusivo de la comisión de apertura según el TJUE

Para determinar el carácter abusivo o no de la comisión de apertura en un préstamo hipotecario cabe traer a colación, en primer lugar, **la sentencia n.º C-224/19 y C-259/19, de 16 de julio de 2020, ECLI:EU:C:2020:578.** En ella, acumulando dos asuntos —C-224/19 y C-259/19— en relación con cláusulas abusivas incluidas en contratos de préstamo con garantía hipotecaria, se pronuncia sobre la interpretación de los artículos 3 a 8 de la Directiva 93/13/CEE del Consejo, de 5 de abril de 1993, sobre las cláusulas abusivas en los contratos celebrados con consumidores. Mantiene el TJUE una postura diferente de la ya examinada de nuestro Tribunal Supremo prevista en su **sentencia n.º 44/2019, de 23 de enero, ECLI:ES:TS:2019:102.**

‖ ¿Cuáles son las cuestiones planteadas en relación con la comisión de apertura?

El objeto de la sentencia del TJUE es dar respuesta a las cuestiones que le dirige el juzgado de primera instancia en cuestión que por lo que respecta a la comisión de apertura (asunto C-224/19) se traducen en las siguientes:

- ¿La cláusula de comisión de apertura supera automáticamente el control de transparencia?

- ¿Es necesario probar que se ha proporcionado información previa y se ha negociado individualmente la cláusula?
- ¿Queda excluida la comisión de apertura del control de abusividad por ser parte integrante del objeto principal del contrato?
- ¿Es nula la comisión en tanto no se acredite que responde a servicios efectivamente prestados y a gastos asumidos?

Todas las cuestiones referidas pueden simplificarse en la de si es posible excluir la apreciación del carácter abusivo de una cláusula por la que se impone el pago de una comisión de apertura en tanto la misma constituye un elemento del precio del contrato conforme al artículo 4.2 de la Directiva 93/13/CEE del Consejo, de 5 de abril de 1993, y si dicha cláusula cumple por sí misma la exigencia de transparencia que impone el mismo precepto.

‖ ¿Cuáles son los argumentos esgrimidos por el TJUE?

Antes de entrar en el análisis de los distintos argumentos, cabe tener presente que las cuestiones planteadas parten de la premisa de que el ordenamiento jurídico español no ha transpuesto el citado artículo 4.2 de la Directiva 93/13/CEE del Consejo, de 5 de abril de 1993, pero entiende el TJUE que para dar respuesta a aquellas no es necesario pronunciarse sobre la transposición efectiva de dicho precepto el cual establece:

> «La apreciación del carácter abusivo de las cláusulas no se referirá a la definición del objeto principal del contrato ni a la adecuación entre precio y retribución, por una parte, ni a los servicios o bienes que hayan de proporcionarse como contrapartida, por otra, siempre que dichas cláusulas se redacten de manera clara y comprensible».

Así pues, **en primer lugar,** la jurisprudencia europea reconoce la posibilidad de que los Estados miembros puedan **excluir determinadas cláusulas del control de abusividad**, concretamente las enumeradas en el citado art. 4.2 de la Directiva 93/13/CEE del Consejo, de 5 de abril de 1993, siempre y cuando se redacten de manera clara y comprensible. En concreto quedará excluida la comisión de apertura del control de su carácter abusivo si forma parte del objeto principal del contrato en los términos señalados en el citado precepto.

CUESTIONES

1. ¿Qué se entiende por cláusulas incluidas en el objeto principal del contrato?

El TJUE las define como aquellas que regulan las prestaciones esenciales del contrato y que, por tanto, lo caracterizan.

2. ¿Y por cláusulas de carácter accesorio?

Son aquellas que definiendo la esencia misma de la relación contractual no están incluidas en el objeto principal del contrato en los términos de la cuestión anterior.

A la vista de lo anterior, ¿**a quién corresponde determinar si una cláusula queda incluida en el objeto principal del contrato?** Declara el TJUE que «*Incumbe al órgano jurisdiccional remitente apreciar, atendiendo a la naturaleza, al sistema general y a las estipulaciones del contrato de préstamo, así como a* *su contexto jurídico y fáctico, si la cláusula de que se trata en el litigio principal constituye un componente esencial del contrato de préstamo hipotecario sobre el que versa el litigio principal (...)».* No obstante, añade que la comisión de apertura no puede considerarse parte esencial del préstamo hipotecario por el mero hecho de que la misma se incluya en el coste total del préstamo.

En **segundo lugar**, por lo que se refiere a la **exigencia de redacción clara y comprensible**, el TJUE señala que se aprecia, en cualquier caso, incluso respecto de las cláusulas incluidas en el art.4.2 de la Directiva 93/13/CEE del Consejo, de 5 de abril de 1993, y aun cuando no se haya transpuesto.

Asimismo, partiendo de la idea de situación de inferioridad del consumidor respecto del profesional, en cuando al nivel de información, la referida exigencia se entiende de forma extensiva, esto es:

- **La cláusula ha de ser comprensiva gramaticalmente.**
- **El contrato ha de exponer de forma transparente su funcionamiento,** de manera que pueda valorar el consumidor las consecuencias que para él derivan de la cláusula.

En este sentido señala el TJUE que:

> «El carácter claro y comprensible de la cláusula objeto del litigio principal debe ser **examinado por el órgano jurisdiccional remitente a la vista de todos los aspectos de hecho pertinentes**, entre los que se cuenta la publicidad y la información ofrecidas por el prestamista en el contexto de la negociación de un contrato de préstamo, y teniendo en cuenta el nivel de atención que puede esperarse de un **consumidor medio normalmente informado y razonablemente atento y perspicaz** (véanse, en este sentido, las sentencias de 30 de abril de 2014, Kásler y Káslerné Rábai, C26/13, EU:C:2014:282, apartado 74; de 26 de febrero de 2015, Matei, C143/13, EU:C:2015:127, apartado 75; de 20 de septiembre de 2017, Andriciuc y otros, C186/16, EU:C:2017:703, apartados 46 y 47, y de 3 de marzo de 2020, Gómez del Moral Guasch, C125/18, EU:C:2020:138, apartado 46)».

A estos efectos, corresponde al juez nacional comprobar, a la vista de todas las circunstancias, si la entidad financiera ha comunicado al consumidor datos suficientes que le permitan conocer los motivos de la retribución y el coste total del contrato.

En **tercer lugar**, en cuanto a **si la comisión de apertura que impone la entidad financiera al consumidor causa un detrimento de este último**, en contra de las exigencias de buena fe, con un desequilibrio importante entre los derechos y obligaciones de las partes del contrato, **cuando no demuestre que la comisión responde a servicios efectivamente prestados y gastos en que haya incurrido**, el TJUE responde afirmativamente a esta cuestión.

Del artículo 4.1 de la Directiva 93/13/CEE del Consejo, de 5 de abril de 1993, se infiere:

> «Sin perjuicio del artículo 7, el carácter abusivo de una cláusula contractual se apreciará teniendo en cuenta la naturaleza de los bienes o servicios que sean objeto del contrato y considerando, en el momento de la celebra-

ción del mismo, todas las circunstancias que concurran en su celebración, así como todas las demás cláusulas del contrato, o de otro contrato del que dependa».

Corresponde al órgano jurisdiccional remitente apreciar el eventual carácter abusivo de la cláusula, a este respecto, debe tenerse en cuenta que las comisiones y gastos repercutidos al cliente deben responder a servicios efectivamente prestados o a gastos habidos. De ello se sigue que una cláusula que surta el efecto de eximir al profesional de la obligación de demostrar que se cumplen estos requisitos en relación con una comisión de apertura podría, sin perjuicio de la comprobación que realice el órgano jurisdiccional remitente a la luz del conjunto de las cláusulas del contrato, incidir negativamente en la posición jurídica del consumidor y, en consecuencia, causar en detrimento de este un desequilibrio importante, contrariamente a las exigencias de la buena fe.

|| Conclusiones del TJUE

Realizado el análisis de los argumentos esgrimidos por el TJUE, el mismo concluye:

- **La cláusula que contiene la comisión de apertura no se considera transparente de forma automática**, sino que es necesario llevar a cabo un examen de la misma y de todas las circunstancias para determinar dicha circunstancia, así como su carácter claro y comprensible.

- **El hecho de que la comisión de apertura esté incluida en el coste total de un préstamo hipotecario no implica que sea una prestación esencial de este**. En cualquier caso, un órgano jurisdiccional de un Estado miembro está obligado a controlar el carácter claro y comprensible de una cláusula contractual referida al objeto principal del contrato, a los efectos de excluirla del trámite de apreciación de su carácter abusivo.

- **Sí es posible que la cláusula que establece la comisión de apertura cause un detrimento en el consumidor cuando la entidad financiera** no pruebe que la aquella responde a servicios prestados y gastos en que se haya incurrido.

2.3. La STJUE de 16 de marzo de 2023: nuevo fallo en contra de la jurisprudencia del Tribunal Supremo

TJUE: análisis de la nueva sentencia de 16 de marzo de 2023

El Tribunal Supremo dados los pronunciamientos contradictorios entre los distintos tribunales a través de su **auto, rec. 919/2019, de 10 de septiembre** de 2021, ECLI:ES:TS:2021:10856A, acuerda dirigirse al TJUE a los efectos de que se pronuncie de nuevo sobre la abusividad de la comisión de apertura.

Así, el TJUE, a través de su **sentencia n.º C-565/21, de 16 de marzo de 2023, ECLI:EU:C:2023:212**, da respuesta a la petición del Tribunal Supremo, y reitera su postura respecto de la comisión de apertura en sentido contrario a lo que ha venido mantenimiento el Alto Tribunal.

La referida sentencia **sienta las bases para interpretar la exigencia de transparencia contemplada en los artículos 4 y 5 de la Directiva 93/13/CEE del Consejo, de 5 de abril de 1993**, sobre las cláusulas abusivas en los contratos celebrados con consumidores, en el sentido que tal exigencia no puede limitarse al carácter comprensible de esas cláusulas desde un punto de vista formal y gramatical, sino que, por el contrario, toda vez que el sistema de protección establecido por dicha Directiva se basa en la idea de que el consumidor se halla en una situación de inferioridad respecto al profesional en lo relativo, en particular, al nivel de información, la exigencia de redacción clara y comprensible de las cláusulas contractuales y, por tanto, **de transparencia**, a que obliga la propia Directiva, **debe interpretarse de manera extensiva**.

Las **cláusulas de apertura deben exponer de forma transparente el funcionamiento concreto del mecanismo al que se refiere la cláusula** de que se trate, así como, la relación entre ese mecanismo y el prescrito por otras cláusulas de manera que el consumidor esté en condiciones de evaluar, basándose en criterios precisos e inteligibles, las consecuencias económicas que se deriven para él.

En cuanto a cómo ha de valorarse el carácter claro y comprensible, el TJUE señala:

- Se deberá comprobar, a la vista de todos los elementos de hecho pertinentes, que **el prestatario está en condiciones de evaluar las consecuencias económicas que se deriven** para él de dicha cláusula.
- **Entender la naturaleza de los servicios proporcionados como contrapartida de los gastos previstos** en la cláusula.
- **Verificar que no hay solapamiento entre los distintos gastos previstos en el contrato** o entre los servicios que estos retribuyen.

Asimismo, en la referida valoración deben tomarse en consideración las siguientes premisas:

- La **información ofrecida por la entidad financiera al prestatario**, incluida la que esté obligada a ofrecer conforme a la normativa nacional pertinente.
- La **publicidad que la entidad bancaria realice en relación con el tipo de contrato suscrito**.

Y, **todo ello teniendo en cuenta el nivel de atención que puede esperarse de un consumidor medio normalmente informado y razonablemente atento y perspicaz**.

Además, hay que tener en cuenta que, **la información obligatoria que la entidad financiera deba dar al potencial prestatario de acuerdo con la normativa nacional es un elemento pertinente para la valoración del carácter**

claro y comprensible, al igual que lo es, con carácter general, la información dada por dicha entidad al prestatario en el contexto de la negociación de un contrato sobre las condiciones contractuales y las consecuencias de la celebración de dicho contrato.

Por lo que, **tal información tiene una importancia fundamental para el consumidor, pues en función, principalmente, de ella decide si desea quedar vinculado contractualmente adhiriéndose a las condiciones redactadas de antemano por el profesional.**

Para terminar, la citada sentencia añade que:

> «60 Procede puntualizar asimismo que **sería contraria al artículo 3, apartado 1, de la Directiva 93/13 una jurisprudencia nacional de la que se desprendiera que no cabe en ningún caso considerar abusiva una cláusula que establezca una comisión de apertura por el mero hecho de que tenga por objeto servicios inherentes a la actividad de la entidad prestamista ocasionada por la concesión del préstamo y previstos en la normativa nacional.** En efecto, esa jurisprudencia limitaría la facultad de los tribunales nacionales de llevar a cabo, de oficio en su caso, el examen, de acuerdo con esa disposición, de la potencial abusividad de las cláusulas en cuestión y, por consiguiente, no garantizaría un efecto pleno de los preceptos establecidos por la Directiva.
>
> 61 Habida cuenta de los motivos anteriores, el artículo 3, apartado 1, de la Directiva 93/13 debe interpretarse en el sentido de que no se opone a una jurisprudencia nacional que considera que una cláusula contractual que, de acuerdo con la normativa nacional pertinente, estipula el pago por el prestatario de una comisión de apertura, cuyo destino es remunerar los servicios relacionados con el estudio, el diseño y la tramitación singularizada de una solicitud de préstamo o crédito hipotecario, puede, en su caso, no causar, en detrimento del consumidor, un desequilibrio importante entre los derechos y las obligaciones de las partes que derivan del contrato, con la **condición de que la posible existencia de dicho desequilibrio sea objeto de un control efectivo por el juez competente de conformidad con los criterios emanados de la jurisprudencia del Tribunal de Justicia».**

2.4. Nuevas sentencias del TJUE del 30 de abril de 2025 sobre la comisión de apertura

Las sentencias del TJUE de 30 de abril de 2025: el aval europeo a la comisión de apertura, con condiciones

Tras el pronunciamiento del TJUE en su **sentencia en el asunto n.º C-565/21, de 16 de marzo de 2023, ECLI:EU:C:2023:212,** el Tribunal Europeo ha vuelto a pronunciarse sobre la comisión de apertura en dos sentencias de

30 de abril de 2025, dando respuesta a dos peticiones de decisión prejudicial planteadas por los juzgados de primera instancia de San Sebastián y Ceuta:

- STJUE asunto C-669/23, de 30 de abril de 2025, ECLI:EU:C:2025:297.
- STJUE asunto C-39/24, de 30 de abril de 2025, ECLI:EU:C:2025:298.

En primer lugar, la **STJUE asunto C-669/23, de 30 de abril de 2025, ECLI:EU:C:2025:297**, respecto de las cuestiones relativas a la transparencia de la cláusula que impone la comisión de apertura sin especificar detalladamente los servicios prestados a cambio de dicha comisión, ni el tiempo necesario para llevarlos a cabo y sin que el profesional informe al consumidor de la existencia de la mencionada comisión al comunicarle el tipo de interés propuesto, ni indique una tarifa horaria, ni le facilite facturas detalladas en las que figure el desglose de esos servicios y los impuestos correspondientes, el TJUE ha resuelto a favor de la transparencia siempre que el juez.

Recuerda el TJUE que es necesario que la naturaleza de los servicios efectivamente proporcionados pueda razonablemente entenderse o deducirse del contrato en su conjunto, y que el carácter claro y comprensible de una cláusula como la controvertida en el litigio principal debe apreciarse por el juez competente a la vista de todos los elementos de hecho pertinentes, en particular, el tenor de la cláusula examinada, la información ofrecida por la entidad financiera al prestatario, incluida la que esté obligada a ofrecer conforme a la normativa nacional pertinente, y la publicidad que dicha entidad realice en relación con el tipo de contrato suscrito, atendiendo al nivel de comprensión de un consumidor medio normalmente informado y razonablemente atento.

Así declara:

«(...) el artículo 5 de la Directiva 93/13 debe interpretarse en el sentido de que no se opone a una jurisprudencia nacional que, a la vista de la normativa nacional que preceptúa que la comisión de apertura de un préstamo hipotecario retribuye los servicios relacionados con el estudio, la concesión o la tramitación del préstamo o crédito hipotecario u otros servicios similares, considera que la cláusula que impone tal comisión al consumidor satisface la exigencia de transparencia derivada del citado artículo 5, sin que dicha cláusula especifique detalladamente todos los servicios prestados a cambio de esa comisión al comunicarse el tipo de interés propuesto ni indique una tarifa horaria y sin que la entidad bancaria facilite al consumidor facturas detalladas en las que figure el desglose de esos servicios y los impuestos correspondientes, siempre que el consumidor esté en condiciones de evaluar las consecuencias económicas que se deriven para él, de comprender la naturaleza de los servicios proporcionados como contrapartida de los gastos previstos por la referida cláusula y de comprobar que no hay solapamiento entre los distintos gastos previstos por el contrato ni entre los servicios que dichos gastos retribuyen».

Es decir, **no es necesario que el contrato haga referencia expresa a todos los servicios proporcionados como contrapartida de la comisión, sino que basta con que el consumidor, por su situación de inferioridad respecto del profesional, pueda, con carácter previo a la firma del contrato y razonablemente, entender o deducir la naturaleza de los servicios efectivamente proporcionados.**

En segundo lugar, respecto de la expresión de la comisión de apertura como un porcentaje aplicado al importe total del préstamo, el TJUE entiende que la mera expresión del coste de la comisión en forma de porcentaje no puede por sí sola determinar la existencia de un desequilibrio importante entre los derechos y obligaciones de las partes que se derivan del contrato. Lo anterior, puesto en relación con la transparencia de la cláusula que fija la comisión de apertura, permite concluir que, si la misma es conforme con la exigencia de transparencia, también es admisible que la comisión se exprese como un porcentaje del importe total del préstamo, debiendo el juez valorar si se respetan las exigencias de la buena fe y no se causa un desequilibrio importante en perjuicio del consumidor.

Así, concluye:

> «(...) los artículos 3 a 5 de la Directiva 93/13 deben interpretarse en el sentido de que no se oponen a que el precio de los servicios cubiertos por una cláusula contractual que estipula una comisión de apertura, definida por la normativa nacional como la retribución de los servicios relacionados con el estudio, la concesión o la tramitación de un préstamo o crédito hipotecario u otros servicios similares, se exprese en forma de un porcentaje aplicado al importe del préstamo concedido, siempre que el consumidor esté en condiciones de evaluar las consecuencias económicas que para él se deriven de esa cláusula, de comprender la naturaleza de los servicios proporcionados como contrapartida de los gastos previstos por dicha cláusula y de comprobar que no hay solapamiento entre los distintos gastos previstos por el contrato. En dicho supuesto, tal cláusula no debe crear, en detrimento del consumidor, un desequilibrio importante entre los derechos y obligaciones de las partes que se derivan del contrato».

Es decir, el TJUE señala que la comisión de apertura **puede fijarse mediante un porcentaje, si bien el consumidor debe estar capacitado para entender sus consecuencias económicas, y, además, no podrá ser desproporcionado.**

Finalmente, también afirma que la comisión de apertura «*puede no causar, en detrimento del consumidor, un **desequilibrio** importante entre los derechos y las obligaciones de las partes que se derivan del contrato, y ello sin que el profesional esté obligado a detallar la naturaleza de los servicios remunerados por esa comisión ni el coste de cada uno de ellos, siempre que la posible existencia de tal desequilibrio pueda ser objeto de un **control efectivo por el juez competente** de acuerdo con los criterios que emanan de la jurisprudencia del Tribunal de Justicia, **comparando, si es necesario, el importe de una comisión de apertura impuesta a un prestatario y el coste medio de las comisiones de apertura identificadas en un período reciente**».

En la misma línea se pronuncia también la **STJUE asunto C-39/24, de 30 de abril de 2025, ECLI:EU:C:2025:298**, incidiendo nuevamente en que la comisión de apertura puede ser transparente, aunque no contenga la descripción detallada de la naturaleza de los servicios ni la indicación del tiempo dedicado a prestarlos, siempre que el consumidor esté en condiciones de:

- Evaluar las consecuencias económicas que se deriven para él.
- Comprender la naturaleza de los servicios proporcionados como contrapartida de los gastos previstos por la referida cláusula.

- Comprobar que no hay solapamiento entre los distintos gastos previstos por el contrato o entre los servicios que dichos gastos retribuyen.

Por tanto, el TJUE valida las comisiones de apertura negando que la cláusula sea abusiva «per se», y condicionando su validez a un análisis individualizado en cada cosa, valorando la información proporcionada al consumidor y las circunstancias específicas del contrato.

2.5. Últimas sentencias del Tribunal Supremo y su adaptación a la jurisprudencia europea

¿Qué postura mantiene el TS en la actualidad sobre la comisión de apertura?

La postura del Tribunal Supremo respecto a la abusividad de la cláusula que contiene la comisión de apertura en las hipotecas ha sido objeto de análisis y evolución en diversas sentencias. En términos generales, el Tribunal Supremo ha sostenido que la comisión de apertura forma parte del precio del préstamo y no puede considerarse abusiva por sí misma, siempre que cumpla con los requisitos de transparencia exigidos por la normativa aplicable.

A raíz de la **STJUE en el asunto n.º C-565/21, de 16 de marzo de 2023, ECLI:EU:C:2023:212**, el Tribunal Supremo se ha visto obligado a actualizar su postura a lo dispuesto por el TJUE, y así podemos citar como ejemplos de esta nueva línea las siguientes resoluciones:

- STS n.º 816/2023, de 29 de mayo, ECLI:ES:TS:2023:2131 (dictada precisamente a raíz de la respuesta del TJUE a la cuestión planteada por el TS en este asunto).
- STS n.º 964/2025, de 17 de junio, ECLI:ES:TS:2025:2618.
- STS n.º 965/2025, de 17 de junio, ECLI:ES:TS:2025:2619.
- STS n.º 1621/2025, de 12 de noviembre, ECLI:ES:TS:2025:4955.
- STS n.º 1625/2025, de 12 de noviembre, ECLI:ES:TS:2025:5086.

La STS n.º 816/2023, de 29 de mayo: adecuación a la jurisprudencia europea

En primer lugar, en la STS n.º 816/2023, de 29 de mayo, ECLI:ES:TS:2023:2131, recoge que «*no cabe una solución unívoca sobre la validez o invalidez de la cláusula que establece la comisión de apertura, puesto que dependerá del examen individualizado de cada caso, conforme a la prueba practicada*».

En esta se revoca la sentencia de la AP de Palma de Mallorca en la que se condenaba a la entidad bancaria por considerar abusiva la comisión de apertura en un préstamo, al considerar que la entidad no justificaba que el cobro de esa comisión se correspondía con algún servicio efectivo.

El Tribunal Supremo **modifica, a partir de esta sentencia, la consideración de elemento esencial del contrato sobre la comisión de apertura, ya que el TJUE mantiene un concepto estricto de elemento esencial en el contrato de préstamo, y considera como tal el interés remuneratorio y, por tanto, aunque sea transparente, la comisión de apertura podrá ser objeto de control de contenido (abusividad).**

El Alto Tribunal defiende una postura distinta a la de la audiencia provincial, y afirma que los parámetros fijados en el apartado 42 de la STJUE, sobre los requisitos de transparencia de la comisión de apertura, se cumplen en el caso de la cláusula litigiosa. *«Además, en la escritura pública consta que la entidad financiera había entregado a los acreditados un ejemplar de las tarifas de comisiones y el notario dio fe de que las condiciones financieras de la oferta vinculante eran coincidentes con las del documento público, así como que el proyecto de escritura había estado a disposición de los consumidores, para su examen en la notaría, durante los tres días hábiles anteriores al otorgamiento».*

Añade la sala que el TJUE ha expresado que la comisión de apertura que tiene por objeto la remuneración de servicios relacionados con el estudio, el diseño y la tramitación singularizada de una solicitud de préstamo o crédito hipotecario, **no incide negativamente en la posición del consumidor salvo que no pueda considerarse razonablemente que los servicios proporcionados como contrapartida se prestan en el ámbito de las prestaciones antes descritas o que el importe que debe abonar el consumidor en concepto de dicha comisión sea desproporcionado en relación con el importe del préstamo.**

Aplicando estas consideraciones al caso concreto concluye que:

> «5.- En cuanto a la posibilidad de que el consumidor pueda entender la naturaleza de los servicios prestados en contrapartida a la comisión de apertura, sobre dicha base legal de que retribuye los gastos de estudio y preparación inherentes a la concesión del préstamo, **la cláusula figura claramente en la escritura pública**, individualizada en relación con otros pactos y condiciones (incluso los relativos a otras comisiones), sus términos están resaltados y queda claro, mediante una lectura comprensiva, que consiste en un pago único e inicial si se dispone de una sola vez de la totalidad del crédito, tal y como sucedió. Y respecto de lo que supone económicamente, también es fácilmente comprensible en cuanto a su coste, que está predeterminado e indicado numéricamente, y además los prestatarios supieron de su cobro en la misma fecha, puesto que se les detrajo del total dispuesto. Aparte de que se incluye como uno de los conceptos integrantes de la TAE.
>
> 6.- No hay solapamiento de comisiones por el mismo concepto, ya que del examen de la escritura pública no consta que por el estudio y concesión del préstamo se cobrara otra cantidad diferente. En el documento figuran otras comisiones, pero por conceptos distintos y claramente diferenciados, tanto en su ubicación como en su enunciado, cuales son la comisión por subrogación, la comisión de reclamación de impagados, la comisión de compromiso sobre la parte de crédito no dispuesta o la comisión por amortización anticipada».

Por otro lado, con respecto a la **proporcionalidad de la cláusula**, considera el TS que una comisión de 850 euros sobre un capital de 130.000 euros, no parece que sea desproporcionada, *«en cuanto que supone un 0,65% del capital. Según las estadísticas del coste medio de comisiones de apertura en España accesibles en internet, dicho coste oscila entre 0,25% y 1,50%».*

En conclusión, en este caso concreto, entiende la Sala de lo Civil que la cláusula que impuso el pago de la comisión de apertura fue transparente y no abusiva.

Las SSTS n.° 964/2025 y 965/2025 de 17 de junio de 2025: aval a la comisión de apertura por ser transparente y no abusiva

En junio de 2025 nuestro Alto Tribunal emitía dos nuevas sentencias validando esta cláusula y recordando la importancia de examinarla caso a caso.

Tanto la STS n.° 964/25, de 17 de junio, ECLI:ES:TS:2025:2618, como la STS n.° 965/25, de 17 de junio, ECLI:ES:TS:2025:2619, mantienen la línea jurisprudencial seguida hasta la fecha y declaran que las cláusulas de comisión de apertura incluidas en sendos contratos hipotecarios son transparentes y no abusivas.

La decisión del Supremo se apoya en los criterios de análisis determinados en su sentencia n.° 816/2023, de 29 de mayo, ECLI:ES:TS:2023:2131, y analiza también las sentencias del TJUE emitidas el 30 de abril de 2025 (asuntos C-699/23, ECLI:EU:C:2025:297 y C-39/2024, ECLI:EU:C:2025:298).

En su argumentación, el Alto Tribunal insiste en la imposibilidad de ofrecer una solución uniforme ante la validez o nulidad de la comisión de apertura. De acuerdo con la Sala, la licitud de dicha cláusula exige un examen individualizado de las circunstancias de cada caso, siempre conforme a la prueba practicada. Así, se refuerza la importancia de valorar en detalle cada relación contractual y el cumplimiento efectivo de los requisitos de transparencia y proporcionalidad.

La Sala Primera fija dos ejes fundamentales para valorar la transparencia y la eventual abusividad de la comisión de apertura:

Control de transparencia, en el que se debe examinar:

- El cumplimiento de la normativa bancaria vigente en la fecha del contrato (en estos casos, la Orden de 5 de mayo de 1994 sobre transparencia de las condiciones financieras de los préstamos hipotecarios, especialmente lo señalado en el apartado 4.1 de su anexo II). No es necesario que la entidad desglosara la naturaleza precisa de cada prestación ni aportara factura por los servicios.

- Que no existan solapamientos de comisiones por el mismo concepto, es decir, que no se cobren varias cantidades por el estudio y concesión del préstamo.

- Que la cláusula figure claramente en la escritura, redactada en términos claros y comprensibles, especificando el pago único inicial y permitiendo identificar fácilmente el coste económico.

- Que los consumidores hubieran conocido con carácter previo a la firma del contrato la existencia y cuantía de la comisión de apertura, mediante la información precontractual proporcionada.

Control de abusividad, con especial atención a:

- La fijación del coste de la comisión como porcentaje del capital prestado, lo que, por sí solo, no implica desequilibrio relevante; debe ser el juez quien valore la buena fe y la proporcionalidad de la cláusula.

- Para apreciar la proporcionalidad del importe, sin adoptar un control directo sobre los precios, se debe acudir a las estadísticas del coste medio de comisiones de apertura en España en el momento de constituirse el préstamo.

Aplicando estos criterios a los casos examinados, el Supremo constata que:

- Se cumple con el apartado 4.1 del anexo II de la Orden de 5 de mayo de 1994. En ambos contratos figura la entrega de un ejemplar de las tarifas de comisiones a los clientes y consta, mediante testimonio notarial, que toda la documentación relevante estuvo a disposición de los consumidores en la notaría antes de la firma.

- La redacción de la cláusula es clara, comprensible y debidamente destacada.

- Los consumidores entendieron la naturaleza del servicio correspondido por la comisión de apertura.

- No se producen solapamientos de conceptos ni doble facturación por servicios similares.

- Los porcentajes aplicados, del 0,50 % en un caso y del 1 % en otro, se encuentran dentro de los baremos estadísticos propios para comisiones de apertura en operaciones análogas, por lo que no resultan desproporcionados.

En consecuencia, el alto tribunal concluye que, para los supuestos objeto del recurso, las cláusulas de comisión de apertura cumplen con los estándares de transparencia y no presentan carácter abusivo.

El Tribunal Supremo consolida así la jurisprudencia sobre la comisión de apertura en los préstamos hipotecarios, subrayando que su legalidad y transparencia requieren siempre un examen pormenorizado caso por caso. Respaldado por las recientes sentencias del TJUE, el alto tribunal insiste en que esta cláusula —siempre que cumpla con los parámetros de transparencia y proporcionalidad— no es, en sí misma, abusiva.

Las STS n.º 1621/2025 y n.º 1625/2025, de 12 de noviembre: reiteración de doctrina y declaración de abusividad

El Tribunal Supremo en su reciente **sentencia n.º 1621/2025, de 12 de noviembre, ECLI:ES:TS:2025:4955**, reitera su doctrina, si bien aplicándola al caso concreto, en esta ocasión declara abusiva y nula la comisión de apertura del 2.17 % en un préstamo.

Nuevamente el Alto Tribunal se remite a la jurisprudencia europea y recuerda que, a efectos de valorar una posible abusividad, hay que considerar:

- Respecto de la **buena fe**: debe comprobarse que el prestamista tratando de manera leal y equitativa con el consumidor, podía esperar razonablemente que este aceptaría una cláusula de ese tipo en el marco de una negociación individual.

- Respecto del **desequilibrio importante**: no cabe afirmar que una cláusula que establezca una comisión de apertura en un préstamo o crédito hipotecario no respete en todo caso el equilibrio entre los derechos y las obligaciones de las partes que derivan del contrato, sino que habrá que valorar que el coste no sea desproporcionado en relación con el importe del préstamo o que los servicios que se retribuyen con esta comisión no están ya incluidos en otros conceptos cobrados al consumidor

En este caso, el Tribunal Supremo concluyó que la comisión de apertura del 2,17 % era desproporcionada en comparación con el coste medio de estas comisiones en España, que oscila entre el 0,25 % y el 1,50 %. Además, señaló que la cláusula no respetaba el equilibrio entre los derechos y obligaciones de las partes, lo que justificaba su carácter abusivo y su nulidad. La sentencia también destacó que la audiencia provincial aplicó correctamente los criterios del TJUE para evaluar la transparencia y abusividad de la cláusula:

> «Respecto de la proporcionalidad del importe, con todas las cautelas que supone el tener que examinar este requisito sin incurrir en un control de precios, consideramos, en las sentencias 816/2023, de 29 de mayo, 964/25 y 965/25, de 17 de junio, que una cláusula que suponía un **porcentaje del capital entre el 0,25% y 1,50%, coste medio de comisiones de apertura en España** accesibles en internet, no era desproporcionada, y no siendo este el caso, al suponer la comisión que nos ocupa, el 2,17 % del capital prestado, debemos establecer que no respeta el equilibrio entre los derechos y las obligaciones de las partes que derivan del contrato, siendo desproporcionada en relación con el importe del préstamo, y por tal razón, ha de apreciarse su carácter abusivo y mantener su nulidad».

También la **STS n.º 1625/2025, de 12 de noviembre, ECLI:ES:TS:2025:5086**, declara abusiva una comisión de apertura por no recoger en la propia cláusula el importe de la misma. Así, empieza la sala recordando que: «*Como señalamos en las sentencias 964/25 y 965/25, de 17 de junio, en ningún extremo de la sentencia 44/2019, de 23 de enero afirmamos que la cláusula que establece la comisión de apertura superaba "automáticamente" el control de transparencia. Por el contrario, lo que declaró la mencionada resolución, es que "la cláusula que establece la comisión de apertura no es abusiva si supera el control de transparencia"*».

A continuación, reitera los **requisitos** que debe reunir la comisión de apertura para **superar el control de transparencia**:

- La comisión **debe comprender todos** («cualesquiera») los gastos de estudio, concesión o tramitación del préstamo hipotecario, u otros similares inherentes a la actividad de la entidad prestamista ocasionada por la concesión del préstamo.

- Debe integrarse obligatoriamente en **una única comisión**, que tiene que denominarse necesariamente «comisión de apertura».

- Se devengará de **una sola vez**.

- **Su importe y su forma y fecha de liquidación deben estar especificados en la propia cláusula**.

Aplicándolo al caso concreto, el Tribunal Supremo concluye que la cláusula analizada en el supuesto establece un porcentaje, pero no la cifra sobre la que se aplica, lo que implica la omisión de un dato imprescindible para la comprensión del alcance jurídico y económico de la comisión, incumpliendo así, el último de los requisitos citados. Por ello aprecia el carácter abusivo de la cláusula y mantiene su nulidad.

Por tanto, podemos finalizar afirmando que, el TS consolida una doctrina que reconoce la legalidad de la comisión de apertura en los préstamos hipotecarios, siempre que supere los controles de transparencia y proporcionalidad. Sin embargo, su validez depende de un análisis pormenorizado de cada caso concreto, en línea con los criterios establecidos por el TJUE y la normativa nacional.

2.6. Los pronunciamientos de las audiencias provinciales en contra y a favor de la nulidad por abusividad de la cláusula de comisión de apertura

Pronunciamientos en contra de la nulidad por abusividad de la cláusula de apertura de las AP

Como ya hemos señalado anteriormente, sobre la validez y nulidad de la cláusula de apertura de los préstamos hipotecarios, han existido numerosos pronunciamientos judiciales divergentes de las distintas audiencias provinciales, sobre el control de transparencia y abusividad de la misma.

Es importante tener en cuenta que las Audiencias Provinciales, siguiendo las directrices marcadas por el Tribunal de Justicia de la Unión Europea y por el Tribunal Supremo analizan el caso concreto, y por tanto, los ejemplos recogidos en este tema no pueden ser interpretados como una postura unánime de la audiencias ante las cláusulas que recogen la comisión de apertura, sino que ante supuestos distintos la misma Audiencia puede decantarse por apreciar la abusividad o no en función de las circunstancias concretas de cada supuesto.

Por tanto, a través de este tema, se ofrecen distintos ejemplos que ayudan a comprender de manera práctica la interpretación que realizan nuestras audiencias, tanto para estimar la abusividad como para desestimarla.

Para comenzar, cabe señalar que una de las audiencias provinciales que **se ha pronunciado en contra de considerar abusiva una comisión de apertura de un préstamo hipotecario**, es la Audiencia Provincial de Navarra a través de su **sentencia n.º 1453/2025, de 11 de noviembre, ECLI:ES:APNA:2025:1962**, que tras repasar la jurisprudencia del Tribunal de Justicia de la Unión Europea y del Tribunal Supremo considera que se cumple la exigencia de transparencia ya que la **redacción de la cláusula es clara, sencilla y fácilmente comprensible**, cumpliendo los requisitos que exigía la normativa bancaria vigente al tiempo de celebración del contrato. Además, también destaca que:

> «(...) permite al consumidor comprender su trascendencia, determinando con precisión el importe de la comisión mediante un porcentaje del capital y un importe mínimo, así como el momento en el que debe abonarse, lo que permite evaluar las consecuencias económicas que para el prestatario tiene dicho concepto y aunque no se detallan los servicios o la actuación desarrollada que se retribuye con la comisión de apertura, puede deducirse del contrato en su conjunto y de las normas que expresamente regulan dicha comisión en nuestro Ordenamiento Jurídico».

En este caso, la Audiencia Provincial de Navarra también corrige la sentencia de primera instancia, ya que a pesar de que la sentencia recurrida estimaba la abusividad por entender que la entidad bancaria no había probado la efectiva prestación de servicios, la Audiencia recuerda que:

> «(...) En lo que se refiere a la realidad de los servicios prestados en contrapartida a la comisión, el juez nacional deberá valorar, de acuerdo con la sentencia la sentencia del TJUE de 16 de marzo de 2023, si razonablemente cabe concluir que esos servicios efectivamente se han prestado, lo que esta Sección estima que ocurre en el presente caso, en contra de lo que se sostiene en la sentencia apelada, ya que, como señala la sentencia de la Audiencia Provincial de Barcelona de 31 de mayo de 2023 (ECLI:ES:APB:2023:4460), se **"trata de servicios definidos legalmente, que la propia sentencia del TJUE enumera** -estudio, diseño y tramitación de la solicitud del préstamo- y que en su mayor parte vienen impuestos por la propia normativa bancaria», sin que sea necesario «que se detallen en el contrato ni la sentencia exige una prueba concreta de que esos servicios se han proporcionado, exigencia que sería difícil de cumplir cuando de ordinario se llevan a cabo con recursos propios del prestamista», sino que **basta que "razonablemente se pueda inferir que los servicios se han facilitado y que no se retribuyen de otro modo"**, lo que se desprende del examen de la escritura pública, donde no consta que por el estudio y concesión del préstamo se cobrara otra cantidad diferente, figurando otras comisiones diferentes pero por conceptos distintos y claramente diferenciados, (...)».

También valida una cláusula que establece la comisión de apertura la **Audiencia Provincial de San Sebastián en la sentencia n.º 590/2025, de 10 de** octubre de 2025, ECLI:ES:APSS:2025:971, que traslada la jurisprudencia del TS al caso concreto de la siguiente manera:

«En el presente caso, se considera que la cláusula sí que supera el control de transparencia y el control de contenido:

1.- Sobre la base legal de que la cláusula retribuye los gastos de estudio y preparación inherentes a la concesión del préstamo, la cláusula figura **claramente en la escritura pública,** individualizada en relación con otras comisiones recogidas en la misma cláusula y gastos comprendidos en la estipulación quinta; queda establecida mediante un porcentaje sobre el principal del préstamo; y queda claro, mediante una lectura comprensiva, que consiste en un pago único e inicial.

2.- **No hay solapamiento de comisiones** por el mismo concepto, ya que del examen de la escritura pública no consta que por el estudio y concesión del préstamo se cobrara otra cantidad diferente.

3.- En la escritura pública el notario da fe de que **el texto proyectado de la escritura ha estado a disposición de la parte prestataria** en el despacho de la notaría, para su examen, durante los tres días hábiles anteriores a su otorgamiento y de que ha tenido a la vista el documento que contiene la oferta vinculante no existiendo discrepancias entre sus condiciones financieras y las recogidas en la escritura.

4.- Por último, la cláusula **no es desproporcionada** de acuerdo con el criterio establecido por la Sala de lo Civil del Tribunal Supremo».

Otro ejemplo en el que la comisión de apertura no se considera nula lo encontramos en la **sentencia de la Audiencia Provincial de Barcelona n.º 1146/2025, de 10 de octubre, ECLI:ES:APB:2025:10096,** de la que destacamos lo dispuesto sobre el control de transparencia y como lo aplica al caso concreto:

«En nuestra valoración, y tomando en cuenta la **claridad de la cláusula, su ubicación en el contrato, que la publicidad ofrecida por la entidad financiera, puesta a disposición del consumidor da noticia de su existencia y que su alcance fue conocido por el demandante antes de la propia aceptación del contrato,** y la especial atención que el consumidor medio presta a una cláusula de este tipo que estipula el pago íntegro de una cantidad sustancial desde el momento de la concesión del crédito o préstamo, creemos que **no existe duda alguna acerca de su transparencia.** En efecto, a diferencia de otras cláusulas, la que establece una comisión de apertura no entraña ninguna complejidad. Por tratarse de un pago único, determinado en el propio contrato, el consumidor está en condiciones de evaluar las consecuencias económicas que se derivan para él. No se discute en este caso que el demandante fue informado y tuvo conocimiento del importe de la comisión antes de suscribir el contrato, dado que lo abonó con antelación o al tiempo de firmarlo. Tampoco se cuestiona que la entidad demandada cumpliera con las obligaciones generales de transparencia en relación con la comisión de apertura establecidas en la Ley 2/2009 y en la normativa bancaria previa, publicidad a la que hace referencia la Sentencia de 23 de marzo de 2022, con su inclusión en los folletos informativos y tablón de anuncios. Dicha Sentencia descarta que el prestamista esté obligado a precisar todos los servicios proporcionados como contrapartida a la comisión. Basta con que la naturaleza de esos servicios, que en España vienen definidos legalmente, se deduzca razonablemente del contrato, como así creemos que ocurre con la comisión de apertura, tanto por el momento en que se hace efectiva, inmediatamente después de la prestación de los servicios que preceden a la concesión del préstamo (estudio de la operación, análisis del riesgo, valoración de las garantías...), como por el hecho de que no se solape con otras comisiones de distinta naturaleza. La ubicación de la cláusula en el contrato -circunstancia que la Sentencia que analizamos aconseja valorar, pese a no tratarse de un elemento esencial del contrato- también es acertada, pues figura destacada conjuntamente con el resto de comisiones».

Pronunciamientos a favor de la nulidad por abusividad de la cláusula de apertura de las AP

La Audiencia Provincial de Santander en su **sentencia n.º 680/2025, de 29 de octubre, ECLI:ES:APS:2025:1939,** se pronuncia a favor de la nulidad de la comisión de apertura. Si bien reconoce que la misma ha sido objeto de una jurisprudencia muy cambiante, resume la postura del Tribunal Supremo en los siguiente términos:

«(...)después de analizar la normativa que ha venido regulando las comisiones bancarias y la comisión de apertura, teniendo en cuenta también el régimen legal contenido en la ley 5/2019, el análisis de dicha cláusula debe tener en cuenta los siguientes aspectos:

1ª La comisión de apertura **no forma parte del objeto principal del contrato**, según se ha puesto de relieve por la sentencia del Tribunal de Justicia de la Unión Europea anteriormente recogida.

2ª El juez deberá proceder a un **examen individualizado del contrato** para comprobar si se cumplen los requisitos exigidos por el mencionado Tribunal.

3ª La comisión **debe comprender todos los gastos de estudio, concesión o tramitación del préstamo hipotecario** u otros similares inherentes a la actividad de la entidad prestamista ocasionada por la concesión del préstamo. No es necesario que se detallen los mismos, ni que se acredite que se han llevado a cabo dichas actuaciones, que el Tribunal Supremo considera ínsitas en la propia concesión del crédito. Se deben integrar en **una única comisión** que se denomine necesariamente comisión de apertura. Dicha comisión se devengará por una sola vez y **su importe y forma y fecha de liquidación deben estar especificados en la propia cláusula.**

4ª Se debe comprobar también que **no hay un solapamiento de comisiones por el mismo concepto.**

5ª Para que el consumidor pueda entender la naturaleza de los servicios prestados en contrapartida a la comisión de apertura la cláusula **debe figurar claramente en la escritura pública**, individualizada en relación con otros pactos y condiciones y sus términos estarán resaltados y quedar claro que consiste en un pago único e inicial.

6ª Habrá que valorar que el **coste no sea desproporcionado** en relación con el importe del préstamo. A este efecto el Tribunal Supremo considera que, según las estadísticas del coste medio de comisiones de apertura en España, accesible en internet, dicho coste oscila **entre el 0,25% y el 1,50%**».

Y concluye que la cláusula concreta analizada es abusiva puesto que la comisión de apertura recogida representa un 2,5 %, superando los parámetros señalados por el TS y determinando su ineficacia.

En la misma línea, también la Audiencia Provincial de Girona n.º 1002/2025, de 13 de octubre, ECLI:ES:APGI:2025:2412, declara la abusividad por tratarse de una comisión fijada en un 2 %, superando, por tanto, los parámetros de proporcionalidad que deben de ser tenidos en cuenta:

> «Tanto la indicada sentencia del TJUE como la del Tribunal Supremo insisten en que para evitar la declaración de abusividad la suma que debe abonar el consumidor en tal concepto debe guardar proporción con el importe del préstamo. El TS señaló como coste medio de esta comisión un porcentaje que oscila entre el 0,25% y el 1,50%.
>
> Se aprecia que la comisión litigiosa resulta claramente desproporcionada, generadora de un desequilibrio en perjuicio del consumidor y, por ende, abusiva. Tanto por el porcentaje que supone como por el importe en sí mismo considerado, excede de las pautas habituales en la materia, sin que la prestamista aporte dato alguno que pudiera justificar tan elevados porcentaje y cuantía».

A TENER EN CUENTA. En sentido opuesto, la Audiencia Provincial de Barcelona, emitió sentencia unos días antes, considerando que una comisión de apertura del 2 % del importe del préstamo no podía considerarse abusiva (SAP de Barcelona n.º 584/2025, de 9 de octubre, ECLI:ES:APB:2025:10024).

También podemos citar aquí la postura de la **Audiencia Provincial de Madrid en su sentencia n.º 445/2025, de 25 de junio, ECLI:ES:APM:2025:8363**, que declara la cláusula nula, valorando los siguientes extremos:

- Si bien el notario manifestó que no existen discrepancias entre la escritura pública y la oferta vinculante, no se justifica ninguna información precontractual que le permitiese a la parte prestataria conocer el alcance jurídico y económico que le supone la comisión de apertura. La entidad bancaria no aportó documentación al respecto.

- Aunque los términos de la cláusula con claros, no se informa de la naturaleza de los servicios prestados en contrapartida.

- Resulta incongruente que se incluya una comisión de estudio, que respondería al mismo concepto, aunque no se haya devengado, lo que redunda en la idea de la falta de información sobre la naturaleza de los servicios a que responde la comisión de apertura.

- No resulta proporcional ya que asciende al 2 %, lo que resulta superior al coste medio señalo por el Tribunal Supremo.

Por su parte la **Audiencia Provincial de Oviedo, en su sentencia n.º 458/2025, de 9 de octubre, ECLI:ES:APO:2025:3097**, declara nula la comisión de apertura, en este caso, por entender que **no era única sino que se establecía un pago en cada disposición**: «(...) *la lectura de la cláusula no permite entender cumplido el requisito relativo a su abono en un único acto pues establece una comisión por la primera disposición y nuevas comisiones por disposiciones sucesivas de tal modo que no cumple con los criterios de transparencia ya indicados debiendo declararse su nulidad y abusividad (...)*».

3.
¿CÓMO RECLAMAR LA NULIDAD POR ABUSIVA DE LA COMISIÓN DE APERTURA Y LA DEVOLUCIÓN DE LAS CANTIDADES PAGADAS?

¿Puede reclamarse la nulidad de la comisión de apertura y la devolución de la cantidad pagada por este concepto en un préstamo hipotecario?

Tras analizar en los temas correspondientes la postura actual del TS y del TJUE respecto a la cláusula de apertura, así como la aplicación de esta jurisprudencia por las distintas audiencias provinciales, puede afirmarse que la reclamación de la nulidad de la comisión de apertura, y la solicitud de devolución de las cantidades abonadas por dicho concepto, es viable cuando pueda concluirse que la misma es abusiva en virtud de los parámetros ofrecidos por nuestro Alto Tribunal.

Hay que recordar que el Tribunal Supremo insiste en que no cabe una solución unívoca sobre la validez o invalidez de la cláusula que establece la comisión de apertura, sino que dependerá del examen individualizado de cada caso, conforme a la prueba practicada, por lo que resulta imprescindible analizar correctamente los requisitos que se han establecido jurisprudencialmente, para valorar la oportunidad de acudir a los tribunales por este motivo.

A modo de ejemplo, podemos citar aquellos supuestos en los que la comisión de apertura supera el coste medio de comisiones de apertura en España, fijado por el TS entre un 0,25 % y un 1,50 %, ya que en estos casos es habitual que los tribunales reconozcan la falta de proporcionalidad, y consecuentemente la nulidad de la cláusula.

Admitida la posible reclamación de la comisión de apertura, cabe destacar dos trámites para ello:

- Reclamación extrajudicial.
- Reclamación judicial.

|| Reclamación extrajudicial por nulidad de la comisión de apertura

El Banco de España ha establecido la obligatoriedad de que las entidades de crédito dispongan de un **servicio de atención al cliente y, potestativamente, un defensor del cliente**, órganos ante los que se habrán de formular, en su caso, las quejas o reclamaciones que traigan origen en las actuaciones de la entidad financiera fuera de la vía judicial.

Así pues, ante una comisión de apertura considerada abusiva el cliente podrá dirigir **reclamación extrajudicial** al servicio de atención al cliente de la entidad financiera bien en la propia oficina bien por vía electrónica solicitando la devolución de la cantidad abonada en aquel concepto. Habrá de **acusarse recibo** de la reclamación por escrito de manera que quede constancia de que se ha presentado, lo cual es especialmente importante a los efectos de determinar la condena en costas en el eventual procedimiento judicial.

Con la entrada en vigor de la Ley Orgánica 1/2025, de 2 de enero, el **3 de abril de 2025**, se establece como **requisito previo** para la admisión de demandas relacionadas con la devolución de cantidades indebidamente pagadas por consumidores, derivadas de cláusulas suelo u otras cláusulas abusivas en contratos de préstamo o crédito hipotecario, la realización de una **reclamación extrajudicial**. Este procedimiento debe dirigirse a las personas físicas o jurídicas que ejerzan profesionalmente la actividad de concesión de préstamos o créditos. La regulación de este trámite se encuentra en el nuevo **artículo 439 bis de la Ley de Enjuiciamiento Civil** (LEC), junto con la incorporación del **apartado 5 al artículo 439 de la misma norma**.

La reclamación extrajudicial tiene como finalidad que la entidad bancaria reconozca el carácter abusivo de las cláusulas señaladas, como sería en el caso que nos ocupa la comisión de apertura, y proceda a la devolución de las cantidades pagadas indebidamente por el consumidor. Este procedimiento busca fomentar una solución amistosa entre las partes antes de recurrir a la vía judicial.

El proceso se desarrolla de la siguiente manera:

- **Inicio de la reclamación previa**: el consumidor debe remitir la reclamación a la entidad profesional que concedió el préstamo o crédito. La entidad deberá aceptar o rechazar la reclamación. Este procedimiento aplica exclusivamente a préstamos o créditos garantizados con hipoteca inmobiliaria.

- **Cálculo y respuesta de la entidad**: una vez recibida la reclamación, la entidad debe calcular y desglosar la cantidad a devolver, incluyendo los intereses correspondientes. Asimismo, debe pronunciarse sobre la nulidad de las cláusulas señaladas como abusivas. Si considera que no procede la devolución o rechaza la abusividad, debe justificar su decisión, sin que pueda alegar motivos distintos en un eventual proceso judicial.

- **Postura del consumidor**: el consumidor debe manifestar si está conforme con el cálculo y la posición de la entidad respecto a la abusividad de las cláusulas. Si ambas partes llegan a un acuerdo, la entidad procederá a la devolución del importe y, en su caso, reconocerá la nulidad de las cláusulas abusivas.

- **Plazo máximo para el acuerdo**: el plazo para alcanzar un acuerdo es de un mes desde la presentación de la reclamación. Si no se llega a un acuerdo en este plazo, el procedimiento se considerará concluido sin acuerdo. Esto también ocurrirá si la entidad rechaza expresamente la solicitud, no responde en el plazo establecido, o si el consumidor no está de acuerdo con el cálculo o la posición de la entidad.

- **Incumplimiento del acuerdo**: si la entidad no cumple con la devolución en el plazo de un mes desde la aceptación de la oferta por el consumidor, se generarán intereses legales incrementados en ocho puntos. Además, el consumidor podrá recurrir a la vía judicial.

- **Confidencialidad y valoración judicial**: durante el procedimiento extrajudicial, las partes no podrán iniciar acciones judiciales o extrajudiciales sobre el objeto de la reclamación. Sin embargo, las posturas mantenidas durante la negociación podrán ser valoradas en un eventual proceso judicial, especialmente en lo relativo a las costas procesales.

- **Carácter gratuito**: este procedimiento es gratuito para el consumidor. En caso de acuerdo, los derechos notariales y registrales se limitarán a los correspondientes a un documento sin cuantía y a una inscripción mínima.

En conclusión, el artículo 439 bis de la LEC establece un procedimiento extrajudicial obligatorio y gratuito para resolver conflictos sobre cláusulas abusivas en préstamos hipotecarios antes de acudir a la vía judicial. Este mecanismo busca garantizar la transparencia y proteger los derechos del consumidor.

> **A TENER EN CUENTA**. Antes del 3 de abril de 2025 estas reclamaciones se regían por el derogado artículo 3 del Real Decreto-ley 1/2017, de 20 de enero.

‖ Reclamación judicial por nulidad de la comisión de apertura

Agotada la vía extrajudicial sin respuesta en el referido plazo de un mes desde la presentación de la reclamación o, cuando habiendo contestación, esta desestime la devolución de la comisión de apertura reclamada, el **cliente podrá interponer la correspondiente demanda**.

La demanda habrá de interponerse ante el **juzgado de primera instancia/tribunal de instancia** correspondiente al **domicilio del demandante (art. 52.1.14.º de la LEC)**.

> **A TENER EN CUENTA**. El citado artículo 52.1.14.º de la LEC atribuye la competencia al tribunal del domicilio del demandante en el caso de procesos en que se ejerciten acciones para declarar la no incorporación al contrato o la nulidad de las cláusulas de condiciones generales de la contratación. Esto, no obstante, añade que, sobre la misma materia, «(...) cuando se ejerciten las acciones declarativa, de cesación o de retractación, será competente el tribunal del lugar donde el demandado tenga su establecimiento y, a falta de éste, el de su domicilio; y si el demandado careciere de domicilio en el territorio español, el del lugar en que se hubiera realizado la adhesión».

¿Cuál será el procedimiento a seguir? Para dar respuesta a esta cuestión cabe acudir al **artículo 250.1.14.° de la LEC**, que prevé que se decidirán en **juicio verbal**: «*Las demandas en que se ejerciten acciones individuales relativas a condiciones generales de contratación en los casos previstos en la legislación sobre esta materia*».

> **A TENER EN CUENTA**. El artículo 250 de la LEC ha sido modificado por el Real Decreto-ley 6/2023, de 19 de diciembre, en vigor desde el 20 de marzo de 2024. Antes de esta reforma el procedimiento a seguir era el ordinario en virtud de lo establecido en el antiguo artículo 249.1.5.° de la LEC, también reformado por la mentada norma.

Presentada la demanda se seguirán, por tanto, los trámites del juicio verbal, así la entidad bancaria podrá:

- **Allanarse** en cuyo caso finalizará el proceso y se dictará sentencia conforme con el allanamiento.
- **Oponerse** a la demanda continuando la tramitación del procedimiento prevista en la LEC.

¿Cuál será el plazo para reclamar la comisión de apertura?

A estos efectos se ha venido distinguiendo entre la reclamación dirigida a que se declare el carácter abusivo de la comisión de apertura y su consiguiente nulidad, por un lado, y la reclamación de la restitución de la cantidad abonada en concepto de comisión de apertura, por otro lado.

Respecto de la primera de ellas, la jurisprudencia ha venido reconociendo que **la acción por la que se solicita la nulidad de la cláusula abusiva es imprescriptible,** en tanto se trate de la nulidad absoluta, en este sentido cabe citar la **sentencia del Tribunal Supremo n.° 663/2021, de 4 de octubre, ECLI:ES:TS:2021:3585.**

En la misma línea señala la **sentencia del TJUE n.° C-776/19 a C-782/19, de 10 de junio de 2021, ECLI:EU:C:2021:470,** que:

> «37 En tercer lugar, de la jurisprudencia se desprende que procede considerar, en principio, que una **cláusula contractual declarada abusiva nunca ha existido**, de manera que no podrá tener efectos frente al consumidor. El Tribunal de Justicia ha deducido de ello que la declaración judicial del carácter abusivo de tal cláusula debe tener como consecuencia, en principio, el **restablecimiento de la situación de hecho y de Derecho en la que se encontraría el consumidor de no haber existido dicha cláusula,** de modo que la obligación del juez nacional de dejar sin aplicación una cláusula contractual abusiva que imponga el pago de importes que resulten ser cantidades indebidamente abonadas genera, en principio, el correspondiente **efecto restitutorio en relación con tales importes** (véanse, en este sentido, las sentencias de 21 de diciembre de 2016, Gutiérrez Naranjo y otros, C154/15, C307/15 y C308/15, EU:C:2016:980, apartados 61 y 62, y de 9 de julio de 2020, Raiffeisen Bank y BRD Groupe Société Générale, C698/18 y C699/18, EU:C:2020:537, apartado 54).

38 Desde esta perspectiva, procede considerar que, para garantizar una protección efectiva de los derechos que la Directiva 93/13 confiere al consumidor, este debe **poder invocar en todo momento el carácter abusivo de una cláusula contractual no solo como medio de defensa, sino también a efectos de que el juez declare el carácter abusivo de una cláusula contractual**, de modo que una acción ejercitada por el consumidor para que se declare el carácter abusivo de una cláusula incluida en un contrato celebrado entre un profesional y un consumidor **no puede estar sujeta a ningún plazo de prescripción**».

Por lo que se refiere a la reclamación de **restitución de las cantidades** abonadas se ha venido considerando como una **acción de naturaleza personal a la que, por tanto, le será de aplicación el plazo de prescripción de 5 años** a que hace referencia el artículo 1964 del CC.

> **A TENER EN CUENTA**. El plazo de 5 años previsto en el artículo 1964 del CC para las acciones personales era de 15 años hasta la reforma operada por la Ley 42/2015, de 5 de octubre.

En relación con dicho plazo de prescripción han surgido discrepancias a la hora de determinar el *dies a quo* en la jurisprudencia lo que ha llevado a que el TJUE se pronuncie al respecto en distintas ocasiones.

Así, podemos comenzar analizando la **STJUE n.º C224/19 y C259/19, de 16 de julio de 2020, ECLI:EU:C:2020:578**, que establece que «*El artículo 6, apartado 1, y el artículo 7, apartado 1, de la Directiva 93/13 deben interpretarse en el sentido de que no se oponen a que el ejercicio de la acción dirigida a hacer valer los efectos restitutorios de la declaración de la nulidad de una cláusula contractual abusiva quede **sometido a un plazo de prescripción, siempre que ni el momento en que ese plazo comienza a correr ni su duración hagan imposible en la práctica o excesivamente difícil el ejercicio del derecho del consumidor a solicitar tal restitución***».

De lo anterior se infiere que cabe establecer un plazo de prescripción para la acción de restitución de las cantidades abonadas en concepto de comisión de apertura, lo cual no sería contrario al principio de efectividad, siempre que su aplicación no haga imposible en la práctica o excesivamente difícil el ejercicio de los derechos conferidos al consumidor. No será tampoco incompatible con aquel principio el plazo de 5 años previsto en el ordenamiento jurídico español, si bien a este respecto señala la STJUE n.º C-776/19 a C-782/19, de 10 de junio de 2021, ECLI:EU:C:2021:470, que:

> «46 Procede señalar que un plazo de prescripción únicamente puede ser **compatible con el principio de efectividad si el consumidor pudo conocer sus derechos antes de que dicho plazo empezase a correr o de que expirase** (véanse, en este sentido, las sentencias de 6 de octubre de 2009, Asturcom Telecomunicaciones, C40/08, EU:C:2009:615, apartado 45; de 9 de julio de 2020, Raiffeisen Bank y BRD Groupe Société Générale, C698/18 y C699/18, EU:C:2020:537, apartado 67, y de 16 de julio de 2020, Caixabank y Banco Bilbao Vizcaya Argentaria, C224/19 y C259/19, EU:C:2020:578, apartado 91).

47 Pues bien, la **oposición de un plazo de prescripción de cinco años**, como el controvertido en los litigios principales, a una acción ejercitada por un consumidor para obtener la devolución de cantidades indebidamente abonadas, sobre la base de cláusulas abusivas en el sentido de la Directiva 93/13, **que empieza a correr en la fecha de la aceptación de la oferta de préstamo, no garantiza a dicho consumidor una protección efectiva,** ya que ese plazo puede haber expirado antes incluso de que el consumidor pueda tener conocimiento del carácter abusivo de una cláusula contenida en el contrato en cuestión. Un plazo de ese tipo hace excesivamente difícil el ejercicio de los derechos que la Directiva 93/13 confiere a dicho consumidor y, por consiguiente, viola el principio de efectividad (véanse, por analogía, las sentencias de 9 de julio de 2020, Raiffeisen Bank y BRD Groupe Société Générale, C698/18 y C699/18, EU:C:2020:537, apartados 67 y 75, y de 16 de julio de 2020, Caixabank y Banco Bilbao Vizcaya Argentaria, C224/19 y C259/19, EU:C:2020:578, apartado 91).

48 Habida cuenta de lo anterior, procede responder a las cuestiones prejudiciales primera y segunda que los artículos 6, apartado 1, y 7, apartado 1, de la Directiva 93/13 deben interpretarse, a la luz del principio de efectividad, en el sentido de que **se oponen a una normativa nacional que** sujeta **el ejercicio de una acción por un consumidor:**

– a efectos de la **declaración del carácter abusivo de una cláusula incluida en un contrato celebrado entre un profesional y dicho consumidor, a un plazo de prescripción;**

– a efectos de la **devolución de cantidades indebidamente abonadas,** sobre la base de tales cláusulas abusivas, **a un plazo de prescripción de cinco años, desde el momento en que dicho plazo empiece a correr en la fecha de la aceptación de la oferta de préstamo,** de modo que el consumidor podía ignorar, en ese momento, todos los derechos que le reconoce la citada Directiva».

Más concreta es la **STJUE n.º C-562/21, de 25 de abril de 2025, ECLI:EU:C:2024:362,** que específicamente concluye que el derecho de la Unión Europea: «*no se oponen a que el plazo de prescripción de una acción de restitución de gastos que el consumidor ha abonado en virtud de una cláusula contractual cuyo carácter abusivo se ha declarado por resolución judicial firme dictada con posterioridad al pago de tales gastos* **comience a correr en la fecha en que esa resolución haya adquirido firmeza,** *sin perjuicio de la facultad del profesional de probar que ese consumidor tenía o podía razonablemente tener conocimiento del carácter abusivo de la cláusula en cuestión antes de dictarse dicha resolución*».

Además, esta STJUE de abril de 2025 se opone a que el plazo de prescripción comience a contar en la fecha en la que se hayan dictado por el Tribunal Supremo, en otros asuntos, sentencias en las que se declaren abusivas ciertas cláusulas tipo que se corresponden con la cláusula en cuestión, así como a que comience en la fecha de determinadas sentencias del Tribunal de Justicia que confirmaron que, en principio, los plazos de prescripción para las acciones de restitución son conformes con el Derecho de la Unión, siempre que respeten los principios de equivalencia y de efectividad.

Esta postura es la defendida en la actualidad por nuestro Alto Tribunal, y así podemos citar, por ejemplo, el **auto del Tribunal Supremo n.º 235/2025, de 18 de noviembre, ECLI:ES:TS:2025:10758A**, en el que se señala que «*conforme a la jurisprudencia de esta sala, en consonancia con la del TJUE, el plazo de prescripción de la acción de restitución o recuperación de las cantidades abonadas indebidamente por aplicación de una cláusula abusiva en un contrato con consumidores no comienza hasta la firmeza de la sentencia que declara la nulidad de la cláusula* que obligaba a tales pagos, salvo que el profesional pruebe que, en el marco de sus relaciones contractuales, ese concreto consumidor pudo conocer en una fecha anterior que esas estipulaciones eran abusivas [por todas, sentencia de Pleno 857/2024, de 14 de junio, subsiguiente a la STJUE de 25 de abril de 2024 (C-561/21)]*».

Por lo tanto, cabe concluir que los plazos que hay que tener en cuenta son:

- Para la **acción de solicitud de nulidad de la cláusula**: No existe plazo, es **imprescriptible**.
- Para la reclamación de la **restitución de las cantidades indebidamente pagadas**: El plazo de prescripción es de **5 años**, contados **desde el momento en que se declara firme la sentencia que reconoce la nulidad de la cláusula**, sin perjuicio de que pueda probarse que el consumidor conocía antes la abusividad de la cláusula.

Las costas ante una estimación parcial de la demanda de nulidad de una cláusula abusiva

La jurisprudencia en esta materia viene marcada por las pautas ofrecidas por el **TJUE en su sentencia n.º C-224/19, de 16 de julio de 2020, ECLI:EU:C:2020:578**, en la que se establece que el derecho de la Unión **se opone a que** «*(...) el consumidor cargue con una parte de las costas procesales* en función del importe de las cantidades indebidamente pagadas que le son restituidas a raíz de la declaración de la nulidad de una cláusula contractual por tener carácter abusivo, dado que tal régimen crea un obstáculo significativo que puede disuadir a los consumidores de ejercer el derecho, conferido por la Directiva 93/13, a un control judicial efectivo del carácter potencialmente abusivo de cláusulas contractuales*».

En base a este pronunciamiento el Tribunal Supremo ha señalado que cuando se estime la nulidad de una cláusula abusiva, aunque no se estimen en su totalidad las peticiones del consumidor, procederá la imposición de costas. Además, indica que no se puede excepcionar el principio general del vencimiento en base a la existencia de serias dudas de derecho. En este sentido podemos citar, por ejemplo, la **sentencia del Tribunal Supremo n.º 1172/2025, de 17 de julio, ECLI:ES:TS:2025:3577**, en la que se afirma:

> «Es pacífica y extensa la jurisprudencia de esta Sala que, desde la sentencia nº 35/2021, de 27 de enero, declara que, **estimada la acción de nulidad por abusiva de la cláusula de gastos, aunque no se estimen la totalidad de todas las cláusulas impugnadas en los términos inicialmente establecidos en la demanda, o la totalidad de las pretensiones restituto-

rias, procede la imposición de las costas de la primera instancia al banco demandado, conforme con la sentencia del TJUE de 16 de julio de 2020, C-224/19 y C-259/19, CaixaBank y BBVA».

Es decir, aunque no se estimase la acción de nulidad de la cláusula que regula la comisión de apertura, si se estimase, por ejemplo, la nulidad de la cláusula de los gastos de constitución de la hipoteca, deberían imponerse las costas a la entidad bancaria.

Con relación a la **cuantía del procedimiento**, importante a la hora de tasar las costas, conviene destacar que la misma será calificada como **indeterminada**. En este sentido podemos citar la **sentencia de la Audiencia Provincial de Almería n.° 113/2025, de 28 de enero, ECLI:ES:APAL:2025:117,** que determina la cuantía como indeterminada en un procedimiento sobre los gastos de constitución de la hipoteca, si bien los argumentos son perfectamente aplicables a la cláusula que regula la comisión de apertura:

> «Se está ejercitando la nulidad de una condición general de la contratación, prevista en el artículo 8 de la Ley de Condiciones Generales de la Contratación, y artículos 82 y 83 del Real Decreto Legislativo 1/2007 por el que se aprueba el Texto Refundido de la Ley General para la Defensa de Consumidores y Usuarios. **La cuantía debe ser considerada como indeterminada**, pues nos encontramos ante una cuestión jurídica que no puede ser cuantificada de conformidad con el artículo 253.3 de la L.E.C.
>
> De esta manera, **no es correcto manifestar que nos encontramos ante dos acciones acumulada**s, una de nulidad de una condición general de la contratación y otra de reclamación de cantidad, y así establecer la cuantía del procedimiento en la concreta cantidad reclamada, dado que la restitución de las cantidades abonadas de forma indebida (gastos de notaría, gestoría, registro y tasación), no es más que una mera consecuencia de la acción principal, que es la de nulidad radical. Y esta acción por razón de la materia; y de cuantia indeterminada, es la que determina el tipo de procedimiento a seguir (juicio ordinario); al menos hasta la reforma del artículo 250.1.14 de la LEC (con entrada en vigor el 20 de marzo de 2024).
>
> El TJUE (Sentencia de 7 de abril de 2022) en aplicación del principio de efectividad, ha dispuesto que corresponde al juez y no al Letrado de la Administración de Justicia, determinar la verdadera cuantía del proceso, atendiendo al trabajo realmente desarrollado por el abogado , y a su coste objetivo, garantizando un reembolso de costas por un importe razonable y proporcionado, Y la cuestión debatida atendido la materia del proceso es de naturaleza compleja.
>
> **La acción que de manera principal se ejercita es una acción relativa a condiciones generales de contratación que determinaba la clase de procedimiento a seguir, con independencia de su petición accesoria.** La fijación que se efectúa en la demanda, como de cuantía indeterminada, es plenamente conforme a derecho, con independencia del alcance y efectos que produce la nulidad si se estima la acción principal, lo que sería una consecuencia de la nulidad y no una acción propia o independiente de la acción principal. Consideramos que no nos encontramos en ningún supuesto de acciones acumuladas del artículo 252.2 LEC, con una acción

principal de nulidad con su efecto de eliminación de la misma del contrato, y una restitutoria de la devolución de prestaciones derivada de la cláusula, sino ante el ejercicio de una acción de nulidad, con relación a la cual se solicita la restitución de las prestaciones, como consecuencia ex lege de dicha nulidad, y por así disponerlo el artículo 1.303 del Código Civil. (En igual sentido SAP Ávila 26 de septiembre de 2.018)».

RESOLUCIÓN RELEVANTE

Sentencia de la Audiencia Provincial de Zaragoza n.º 431/2025, de 14 de octubre, ECLI:ES:APZ:2025:2377

Asunto: Las costas en los procedimientos por cláusulas abusivas

«SEGUNDO-La cuestión sobre el abuso de derecho ha sido resuelto en la sentencia que ha considerado concurría interés legítimo en el primer proceso porque cuando se interpuso había una situación de incertidumbre sobre el alcance de la restitución.

En cuanto al pronunciamiento sobre costas, el recurso ha de ser estimado según reiterada jurisprudencia.

El TJUE en st de 16-7-2020, C-224/19 y C-259/19, indicó que la distribución de las costas de un proceso judicial sustanciado ante los órganos jurisdiccionales pertenece a la esfera de la autonomía procesal de los Estados miembros, siempre que se respeten los principios de equivalencia y de efectividad.

Y concluyó que "El artículo 6, apartado 1, y el artículo 7, apartado 1, de la Directiva 93/13, así como el principio de efectividad, deben interpretarse en el sentido de que se oponen a un régimen que permite que el consumidor cargue con una parte de las costas procesales en función del importe de las cantidades indebidamente pagadas que le son restituidas a raíz de la declaración de la nulidad de una cláusula contractual por tener carácter abusivo, dado que tal régimen crea un obstáculo significativo que puede disuadir a los consumidores de ejercer el derecho, conferido por la Directiva 93/13, a un control judicial efectivo del carácter potencialmente abusivo de cláusulas contractuales".

El TS ha declarado reiteradamente que, estimada la acción de nulidad por abusiva de una cláusula, aunque no se estimen la totalidad de todas las cláusulas impugnadas en los términos inicialmente establecidos en la demanda, o la totalidad de las pretensiones restitutorias, procede la imposición de las costas de la primera instancia al banco demandado, conforme con la sentencia del TJUE de 16 de julio de 2020, C-224/19 y C-259/19. También ha indicado que en estos litigios no se puede excepcionar el principio general del vencimiento en base a la existencia de serias dudas de derecho (sts TS de 17/07/2025 nº 1172/2025; st TS de 5-2-2024 nº 122; st TS 17-9-2020 nº 472).

TERCERO-Las costas del recurso de apelación han de ser impuestas a la entidad demandada conforme a la reciente st del TC 121/2025 de 26 de mayo, rec 5143-2023, que otorga el amparo respecto a una st del TS en relación art 398 p 2 LEC por no conciliar la norma procesal sobre costas con el principio de efectividad del Derecho de la Unión. Dicha st TC, partiendo de la st del TJUE de 16-7-2020, recuerda la prohibición del efecto disuasorio de la denuncia de cláusulas abusivas y la necesidad de preservar los derechos del consumidor a no quedar vinculado a ese tipo de cláusulas, a resultar indemne y a ser resarcido de todos los daños causador por la actuación abusiva, incluidos aquellos que se hubieren producido a resultas del proceso».

ANEXO.
FORMULARIOS

Escrito de reclamación extrajudicial por comisión de apertura

AL SERVICIO DE ATENCIÓN AL CLIENTE
DE [NOMBRE_ENTIDAD_BANCARIA]

Nombre: [NOMBRE_CLIENTE]
DNI: [NÚMERO_DNI]
Dirección: [DIRECCIÓN_CLIENTE]

Dirección del SAC:
[DIRECCIÓN]

Muy Sres. Míos:
En [LOCALIDAD], A [FECHA].

Asunto: Reclamación sobre NULIDAD POR ABUSIVA DE LA CLAÚSULA DE APERTURA DEL PRÉSTAMO HIPOTECARIO [DATOS_PRÉSTAMO]

Muy Sres. Míos:

En calidad de prestatario/a del préstamo hipotecario [DATOS_PRÉSTAMO] suscrito con la entidad a la que me dirijo el [FECHA_SUSCRIPCIÓN_PRÉSTAMO], me dirijo a ustedes con el objeto de que se declare la nulidad de la cláusula por apertura de préstamo hipotecario y se me reintegre la cantidad de [CANTIDAD] euros abonada en su día como consecuencia de la aplicación de la referida cláusula.

Adjunto a la presente copia de la escritura de préstamo hipotecario como **documento n.º** [NÚMERO].

El referido contrato de préstamo hipotecario en su cláusula [ESPECIFICAR_CLÁUSULA] establece a cargo del prestatario/a una comisión de apertura del [PORCENTAJE]% sobre el principal del préstamo.

El principal del préstamo es [CANTIDAD] euros por lo que la cantidad que se devengo en concepto de cláusula de apertura fue [CANTIDAD] euros, satisfecha el [FECHA].

En primer lugar, y de acuerdo con la sentencia del TJUE n.º C-565/21, de 16 de marzo de 2023, ECLI:EU:C:2023:212, señalar que, **las cláusulas de apertura deben exponer de forma transparente el funcionamiento concreto del mecanismo al que se refiere la cláusula de que se trate, así como, la relación entre ese mecanismo y el prescrito por otras cláusulas de manera que el consumidor esté en condiciones de evaluar, basándose en criterios precisos e inteligibles, las consecuencias económicas que se deriven para él.**

En segundo lugar, quiero apuntar que, **las comisiones o gastos repercutidos por la entidad bancaria al consumidor deberán responder a servicios efectivamente prestados o a gastos habidos.**

Por lo que, partiendo de la base de que la comisión de apertura del préstamo hipotecario del que suscribe es un porcentaje sobre el principal, ya se puede intuir que la misma no corresponde a un gasto que haya tenido que desembolsar la entidad bancaria por las gestiones preparatorias del préstamo.

Es de mi interés, mencionar lo dispuesto por la **STS n.º 1621/2025, de 12 de noviembre, ECLI:ES:TS:2025:4955**, en la que resume la postura del TJUE, aplicable a este supuesto:

> «-La STJUE de 16 de marzo de 2023 (asunto C-565/21), a efectos de examinar la abusividad de la condición general que nos ocupa, consideró:
> (i) Respecto de la buena fe, debe comprobarse que el prestamista tratando de manera leal y equitativa con el consumidor, podía esperar razonablemente que este aceptaría una cláusula de ese tipo en el marco de una negociación individual (apartado 50).
> (ii) Respecto del desequilibrio importante, que no cabe afirmar que una cláusula que establezca una comisión de apertura en un préstamo o crédito hipotecario no respete en todo caso el equilibrio entre los derechos y las obligaciones de las partes que derivan del contrato, sino que habrá que valorar que el coste no sea desproporcionado en relación con el importe del préstamo o que los servicios que se retribuyen con esta comisión no están ya incluidos en otros conceptos cobrados al consumidor (apartados 51, 58 y 59).
> 2.-Una vez que el TJUE dictó la sentencia de 16 de marzo de 2023 (asunto C-565/21), esta sala acogió su doctrina en la sentencia 816/2023, de 29 de mayo, en la que comenzamos advirtiendo que no cabía una solución unívoca sobre la validez o invalidez de la cláusula que establece la comisión de apertura, puesto que dependerá del examen individualizado de cada caso, conforme la prueba practicada. Y que, desde el punto de vista casacional, lo único procedente era comprobar si la sentencia recurrida aplica los criterios establecidos por el TJUE para realizar los controles de trasparencia y de abusividad de la cláusula en la que se recoge la comisión de apertura.
> 3-Respecto de la proporcionalidad del importe, con todas las cautelas que supone el tener que examinar este requisito sin incurrir en un control de precios, consideramos, en las sentencias 816/2023, de 29 de mayo, 964/25 y 965/25, de 17 de junio, que una cláusula que suponía un porcentaje del capital entre el 0,25% y 1,50%, coste medio de comisiones de apertura en España accesibles en internet, no era desproporcionada, y no siendo este el caso, al suponer la comisión que nos ocupa, el 2,17 % del capital prestado, debemos establecer que no respeta el equilibrio entre los derechos y las obligaciones de las partes que derivan del contrato, siendo desproporcionada en relación con el importe del préstamo, y por tal razón, ha de apreciarse su carácter abusivo y mantener su nulidad».

Por último, cabe advertir que teniendo en cuenta la argumentación dada por la **STS n.º 1625/2025, de 12 de noviembre, ECLI:ES:TS:2025:5086**, deberá prestarse especial atención a los requisitos de transparencia fijados por nuestro Alto Tribunal:

> «Conforme a lo expresado en la sentencia de esta Sala 816/2023, de 29 de mayo, debemos tomar en cuenta, los requisitos de transparencia de la comisión de apertura que exigía la normativa bancaria en la fecha del contrato (apartado 4.1 del anexo II de la Orden de 5 de mayo de 1994, sobre transparencia de las

condiciones financieras de los préstamos hipotecarios): (i) la comisión debía comprender todos («cualesquiera») los gastos de estudio, concesión o tramitación del préstamo hipotecario, u otros similares inherentes a la actividad de la entidad prestamista ocasionada por la concesión del préstamo; (ii) debía integrarse obligatoriamente en una única comisión, que tenía que denominarse necesariamente «comisión de apertura»; (iii) dicha comisión se devengaría de una sola vez; y (iv) su importe y su forma y fecha de liquidación debían estar especificados en la propia cláusula».

En conclusión, de la lectura de la escritura pública de préstamo hipotecario se deduce que la cláusula de apertura, por su redacción, contenido, falta de información y transparencia, así como por falta de proporcionalidad, resulta abusiva.

A la vista de lo dispuesto anteriormente **SOLICITO**, que en el plazo de un mes:

Se proceda a la inmediata eliminación e inaplicación de la cláusula de apertura incluida por la entidad bancaria a la que me dirijo en el contrato de préstamo hipotecario [ESPECIFICAR].

Se reintegre en la cuenta bancaria de la que soy titular n.º [ESPECIFICAR_DATOS_CUENTA_BANCARIA] la cantidad de [CANTIDAD] euros abonada en virtud de la aplicación de la cláusula de apertura, con sus intereses correspondientes.

La presente tiene carácter de **RECLAMACIÓN EXTRAJUDICIAL** y de acuerdo con el apartado quinto del artículo 439 de la LEC es un requerimiento fehaciente y justificado de pago, con el que se entenderá cumplido el requisito previo para la admisión de una posible demanda derivada de la cláusula abusiva en cuestión.

Y, sin más, a la espera de una resolución favorable a mi petición que evite recurrir a un proceso judicial, les saludo atentamente.

Fdo. [NOMBRE]

Demanda de nulidad por abusividad de cláusula comisión apertura préstamo hipotecario

A TENER EN CUENTA. Por la reforma realizada por la **LO 1/2025, de 2 de enero**, una vez implantados de forma efectiva los tribunales de instancia (**D.T. 1.ª**), todas las referencias realizadas a los juzgados unipersonales se entenderán realizadas a las secciones del orden jurisdiccional correspondiente de los tribunales de instancia. Además, desde el 03/04/2025 se introduce un nuevo apartado 5 en el artículo 439 de la LEC en el que se establece como requisito de procedibilidad en las acciones de reclamación de devolución de las cantidades indebidamente satisfechas por el consumidor en aplicación de determinadas cláusulas suelo o de cualesquiera otras cláusulas que se consideren abusivas contenidas en contratos de préstamo o crédito garantizados con hipoteca inmobiliaria, una reclamación extrajudicial previa frente a las personas físicas o jurídicas que realicen la actividad de concesión de préstamos o créditos de manera profesional. La regulación de dicha reclamación extrajudicial previa se contiene en el nuevo artículo 439 bis de la LEC.

AL JUZGADO DE PRIMERA INSTANCIA DE [LOCALIDAD]**/SECCIÓN DE LO CIVIL DEL TRIBUNAL DE INSTANCIA DE** [ESPECIFICAR] **(1)**

Don/Doña [NOMBRE_PROCURADOR/A_CLIENTE], procurador/a de los tribunales, en nombre y representación de don/doña [NOMBRE_CLIENTE], mayor de edad, con domicilio en [CALLE], n.º [NÚMERO], Código Postal [CÓDIGO_POSTAL], [LOCALIDAD], [PROVINCIA] y provisto/a de DNI [DNI], según se acredita por medio de apoderamiento apud acta que se acompaña como **documento n.º** [NÚMERO], quien actúa en su propio nombre y en nombre de la sociedad de gananciales que ostenta con **don/doña** [NOMBRE], con DNI [DNI], y bajo la dirección letrada de don/doña [NOMBRE_ABOGADO/A_CLIENTE], colegiado/a número [NÚMERO_COLEGIADO/A_ABOGADO/A_CLIENTE], ICA [LOCALIDAD], ante el juzgado/la sección comparezco y, como mejor proceda en derecho,

DIGO

Siguiendo instrucciones de mi mandante, por medio del presente escrito vengo a formular **DEMANDA DE JUICIO VERBAL EN EJERCICIO DE ACCIÓN INDIVIDUAL DE NULIDAD DE LA CONDICIÓN GENERAL DE LA CONTRATACIÓN** relativa a la **comisión de apertura** del préstamo hipotecario, por abusividad y vulneración de la normativa y **RECLAMACIÓN DE CANTIDADES indebidamente** abonadas por la parte actora.

Se interpone la presente contra la entidad bancaria [NOMBRE_PARTE_CONTRARIA], con domicilio social en [DOMICILIO_SOCIAL] y provista de CIF [CIF].

Todo ello con base en fundamentos de derecho que se dirán y en los siguientes,

HECHOS

PRIMERO.- SOBRE LA ESCRITURA DE PRÉSTAMO CON GARANTÍA HIPOTECARIA Y SU FORMALIZACIÓN

Con [FECHA], mi mandante firmó con la entidad bancaria [NOMBRE_PARTE_CONTRARIA], un préstamo hipotecario ([NÚMERO]), mediante escritura pública otorgada ante el notario/a don/doña [NOMBRE_NOTARIO].

El préstamo hipotecario ascendió a la cantidad de [CANTIDAD] euros, con un plazo de amortización de [NÚMERO] años, de [FECHA] a [FECHA], con un tipo de interés variable.

En garantía de la devolución del préstamo concedido a mi mandante, fue constituida la hipoteca sobre la vivienda sita en [DOMICILIO] [LOCALIDAD].

Se acompaña como **documento n.º** [NÚMERO] copia de contrato de préstamo hipotecario por ambas partes suscrito.

Mi representado/a acudió a la sucursal de la entidad demandada solicitando financiación y esta le concedió un préstamo hipotecario a su favor, bajo los términos y condiciones estrictamente impuestas por ella. Más allá de comunicar el principal que precisaban y el plazo en el que desearían devolver, mi mandante no ha tenido posibilidad alguna de intervenir en la fijación del contenido de la escritura finalmente suscrita, toda vez que se ha negado toda opción de negociación por la parte demandada.

La entidad financiera es la interesada en la constitución de la hipoteca a su favor, para lo cual necesita hacer una serie de gestiones como un estudio de viabilidad, tramitación y gestión del préstamo para así evitar riesgos de impago.

Asimismo, mi mandante no solicitó tales servicios que corresponde realizar a la entidad bancaria, y tampoco se concretaron cuáles eran los servicios que cubría la comisión de apertura además de no ser aceptados expresamente.

SEGUNDO.- SOBRE LAS CLÁUSULAS OBJETO DE NULIDAD

Sobre la cláusula de apertura:

Establece la cláusula [NÚMERO], titulada [ESPECIFICAR], de la citada escritura, lo que a continuación se expresa:

[ESPECIFICAR]

A través de esta cláusula se imponen a la parte actora (compradora, prestataria e hipotecante), los gastos que devienen de estudios de viabilidad de solvencia, gestión y tramitación del préstamo, si bien como se observa de la lectura de la referida cláusula dichos conceptos de ninguna manera están concretados.

Se hace importante resaltar lo indeterminado, genérico y abierto de la cláusula cuestionada, ya que no especifica de manera clara su importe, forma y fecha de liquidación, dificultando al consumidor el acceso a la información necesaria para valorar dicha comisión.

La entidad bancaria, pretende con ello de forma unilateral, atribuir al prestatario la obligación genérica e inconcreta de abonar gastos que se derivan de la preparación y formalización de la hipoteca constituida, en ocasiones en contra de las normas legales con previsiones contrarias al respecto.

Por ello, afirmamos que se trata de un mecanismo ideado por la demandada para, siempre que le resulte de su interés, obligar a sus clientes a hacerse cargo del coste que, de no existir dicha cláusula, habría de soportar la propia entidad financiera.

No hay lugar a dudas de que mi representado/a no habría aceptado la inclusión de la cláusula en el contrato, de haberse producido en el marco de una negociación individualizada y en igualdad de condiciones, pues el contenido de la misma agrava la situación de desigualdad frente a la entidad prestamista en un claro y grave detrimento de los derechos del prestatario.

Se trata, por tanto, de una cláusula predispuesta que no ha podido ser negociada entre las partes.

TERCERO.- SOBRE LOS EFECTOS DE LA APLICACIÓN DE LA CLÁUSULA OBJETO DE ENJUICIAMIENTO

A la hora de analizar los perjuicios y efectos que ocasiona la aplicación de la cláusula, cabe destacar que provoca una completa incertidumbre sobre las obligaciones que asume mi mandante, al tiempo que le fuerza a costear unos costes que se le repercuten abusivamente; la entidad financiera alude al pago de los costes cuyo abono le compete, en tanto que es ella quien obtiene un beneficio directo con la constitución de la garantía hipotecaria a su favor. En definitiva, existe un desequilibrio económico causado interesadamente por la ahora demandada.

El efecto inmediato de la cláusula supone, a parte de un incumplimiento de la buena fe por parte de la entidad bancaria —ya que mi mandante no hubiese aceptado la cláusula de haber conocido el alcance de su contenido—, un importante desequilibrio económico que se produce en perjuicio del demandante.

A estos efectos, conviene destacar que la cláusula recoge un porcentaje de [ESPECIFICAR], muy superior al coste medio de las comisiones de apertura en España accesibles en internet, que nuestro TS fija entre el 0,25 % y el 1,50 %. Además, a pesar de recoger el citado porcentaje, no señala la cifra sobre la que se aplica, omitiendo así un dato imprescindible para la comprensión del alcance jurídico y económico de la comisión. **(2)**

CUARTO.- SOBRE EL INTENTO DE ACUERDO EXTRAJUDICIAL **(3)**

Con el fin de evitar el presente procedimiento se envió reclamación extrajudicial a la entidad demandada, cuya copia se acompaña como **documento n.º** [NÚMERO].

Toda vez que la entidad bancaria no ha atendido al expresado requerimiento, no nos queda otro remedio que impetrar el auxilio judicial.

A los anteriores hechos, resultan de aplicación los siguientes,

FUNDAMENTOS DE DERECHO

PRIMERO.- JURISDICCIÓN

Corresponde conocer del proceso a los órganos jurisdiccionales ordinarios españoles, por cuanto se dilucida en el mismo una reclamación para cuyo enjuiciamiento y fallo son competentes los citados órganos, de conformidad con cuanto se dispone entre otros, en el apartado 3 del art. 117 de la Constitución Española; apartado 1 del artículo 21 de la Ley Orgánica 6/1985 de 1 de julio, del Poder Judicial; apartado 1 del artículo 36 de la Ley de Enjuiciamiento Civil y apartado 1 del artículo 4 de la Ley 38/1988, de 28 de diciembre, de Demarcación y Planta Judicial. **(1)**

SEGUNDO.- COMPETENCIA

Corresponde conocer del proceso a los órganos jurisdiccionales ordinarios españoles, por cuanto se dilucida en el mismo una reclamación para cuyo enjuiciamiento y fallo son competentes los citados órganos, de conformidad con cuanto se dispone entre otros, en el apartado 3 del art. 117 de la Constitución Española; apartado 1 del artículo 21 de la Ley Orgánica 6/1985 de 1 de julio, del Poder Judicial; apartado 1 del artículo 36 de la Ley de Enjuiciamiento Civil y apartado 1 del artículo 4 de la Ley 38/1988, de 28 de diciembre, de Demarcación y Planta Judicial. **(4)**

TERCERO.- CAPACIDAD Y LEGITIMACIÓN

Dispone de la capacidad necesaria para ser parte actora, don/doña [NOMBRE_CLIENTE], de conformidad con lo establecido en el artículo 6.1.1.º de la Ley de Enjuiciamiento Civil y la demandada atendiendo al ordinal 3.º del mismo precepto.

Asimismo, está legitimado activamente el actor y pasivamente la demandada, de conformidad con lo establecido en el artículo 10 de la Ley de Enjuiciamiento Civil, en concordancia con lo dispuesto en los artículos 3 y 4 del Real Decreto Legislativo 1/2007, de 16 de noviembre por el que se aprueba el Texto Refundido de la Ley General para la Defensa de los Consumidores y Usuarios y otras normas complementarias (TRLGDCU en lo sucesivo), y el artículo 9.1 de la Ley 7/1998, de 13 de abril, de Condiciones Generales de la Contratación (LCGC en adelante).

CUARTO.- POSTULACIÓN Y REPRESENTACIÓN (5)

De conformidad con lo dispuesto en el artículo 7, apartado 1, de la LEC, en relación con el artículo 31, apartado 1, de la Ley de Enjuiciamiento Civil, el artículo 542, apartado 1, de la Ley Orgánica del Poder Judicial, y en el Real Decreto 135/2021, de 2 de marzo, por el que se aprueba el Estatuto General de la Abogacía Española, comparece el actor debidamente asistido de abogado en ejercicio.

Asimismo, comparece representado por procurador debidamente acreditado, de conformidad con lo dispuesto en el apartado 1 del artículo 23 de la LEC, el artículo 543, apartado 1, de la Ley Orgánica del Poder Judicial, y en el artículo 3 del Real Decreto Legislativo 1281/2002, de 5 de diciembre por el que se aprueba el Estatuto General de los Procuradores de los Tribunales de España.

QUINTO.- PRESCRIPCIÓN

La acción ejercitada en la presente demanda se halla vigente de conformidad con el criterio establecido en el **auto del Tribunal Supremo n.° 235/2025, de 18 de noviembre, ECLI:ES:TS:2025:10758A**, en el que se señala que: «conforme a la jurisprudencia de esta sala, en consonancia con la del TJUE, el plazo de prescripción de la acción de restitución o recuperación de las cantidades abonadas indebidamente por aplicación de una cláusula abusiva en un contrato con consumidores no comienza hasta la firmeza de la sentencia que declara la nulidad de la cláusula que obligaba a tales pagos, salvo que el profesional pruebe que, en el marco de sus relaciones contractuales, ese concreto consumidor pudo conocer en una fecha anterior que esas estipulaciones eran abusivas [por todas, sentencia de Pleno 857/2024, de 14 de junio, subsiguiente a la STJUE de 25 de abril de 2024 (C-561/21)]».

SEXTO.- PROCEDIMIENTO Y CUANTÍA

De conformidad con lo dispuesto en el **artículo 250, apartado 1, ordinal 14.° de la Ley de Enjuiciamiento Civil**, corresponde tramitar este procedimiento por los cauces del **JUICIO VERBAL**, regulado en los **artículos 437** y siguientes del mismo cuerpo legal. (6)

En cumplimiento de lo dispuesto en el artículo 253, apartado 1, de la LEC y de conformidad con lo prevenido en el artículo 253, apartado 3, de la LEC, la cuantía del procedimiento es [INDETERMINADA] toda vez que la acción que se ejercita se trata de una acción puramente declarativa de nulidad de cláusulas abusivas cuyo impacto económico no puede determinarse aunque su consecuencia sea la devolución de las cantidades indebidamente pagadas. En este sentido se ha pronunciado, entre otras, la **Audiencia Provincial de Soria en su sentencia n.° 129/2021, de 17 de mayo, ECLI:ES:APSO:2021:179**:

> «(...) se solicitó la nulidad de la cláusula de gastos a cargo del prestatario, y esta acción debe considerarse de cuantía indeterminada, aunque su consecuencia sea la devolución de las cuantía abonadas indebidamente. Es decir la acción principal es la nulidad de dicha cláusula, que puede ejercitarse de manera independiente a la reclamación de cantidad.

En apoyo de esta conclusión, citaremos la Sentencia de la Audiencia Provincial de Ávila de 23 de septiembre de 2020 que analiza esta cuestión: "En relación a la cuantía del procedimiento, esta Audiencia Provincial ya se ha pronunciado sobre este extremo, entre otras muchas, stc de 12 de septiembre de 2.018, rollo de apelación 192/2.018, y auto de la misma fecha, rollo de apelación 168/2.018, que indican: 'no se puede desconocer que la determinación de la cuantía o valor del bien litigioso ha de reflejarse en la demanda y justificarse documentalmente (art. 264.3 LEC), toda vez que de su concreción puede depender la determinación del procedimiento aplicable (art. 249.2 y 250.2 LEC), o el cumplimiento de la suma de gravamen en la casación (arts. 477.2.2 y 255.1 LEC), determinación que, además, queda fijada definitivamente en la demanda (arts. 253.1.2.° de la citada Ley) si no es impugnada'"».

Las consecuencias de la nulidad no se agotan con la recuperación de unas cantidades determinadas, derivadas de la aplicación de una parte de la cláusula nula, sino que continúa desplegando sus efectos más allá y se traduce en obligaciones de hacer y no hacer, a tiempo presente y futuro, al tener que eliminar la cláusula de la escritura y privar a la demandada de repercutir a la parte actora cantidades que debe abonar aquella.

Tal y como se recoge en la **sentencia de la Audiencia Provincial de Almería n.° 113/2025, de 28 de enero, ECLI:ES:APAL:2025:117**:

«Se está ejercitando la nulidad de una condición general de la contratación, prevista en el artículo 8 de la Ley de Condiciones Generales de la Contratación, y artículos 82 y 83 del Real Decreto Legislativo 1/2007 por el que se aprueba el Texto Refundido de la Ley General para la Defensa de Consumidores y Usuarios. La cuantía debe ser considerada como indeterminada, pues nos encontramos ante una cuestión jurídica que no puede ser cuantificada de conformidad con el artículo 253.3 de la L.E.C.

De esta manera, no es correcto manifestar que nos encontramos ante dos acciones acumuladas, una de nulidad de una condición general de la contratación y otra de reclamación de cantidad, y así establecer la cuantía del procedimiento en la concreta cantidad reclamada, dado que la restitución de las cantidades abonadas de forma indebida (gastos de notaría, gestoría, registro y tasación), no es más que una mera consecuencia de la acción principal, que es la de nulidad radical. Y esta acción por razón de la materia; y de cuantía indeterminada, es la que determina el tipo de procedimiento a seguir (juicio ordinario); al menos hasta la reforma del artículo 250.1.14 de la LEC (con entrada en vigor el 20 de marzo de 2024).

El TJUE (Sentencia de 7 de abril de 2022) en aplicación del principio de efectividad, ha dispuesto que corresponde al juez y no al Letrado de la Administración de Justicia, determinar la verdadera cuantía del proceso, atendiendo al trabajo realmente desarrollado por el abogado , y a su coste objetivo, garantizando un reembolso de costas por un importe razonable y proporcionado, Y la cuestión debatida atendido la materia del proceso es de naturaleza compleja.

La acción que de manera principal se ejercita es una acción relativa a condiciones generales de contratación que determinaba la clase de procedimiento a seguir, con independencia de su petición accesoria. La fijación que se efectúa en la demanda, como de cuantía indeterminada, es plenamente conforme a derecho, con independencia del alcance y efectos que produce la nulidad si se estima la acción principal, lo que sería una consecuencia de la nulidad y no una acción propia o independiente de la acción principal. Consideramos que no nos encontramos en ningún supuesto de acciones acumuladas del artículo 252.2 LEC, con una acción principal de nulidad con su efecto de eliminación de la misma del contrato, y una restitutoria de la devolución de prestaciones derivada de la cláusula, sino ante el ejercicio de una acción de nulidad, con relación a la cual se solicita la restitución de las prestaciones, como consecuencia ex lege de dicha nulidad, y por así disponerlo el artículo 1.303 del Código Civil. (En igual sentido SAP Ávila 26 de septiembre de 2.018)».

SÉPTIMO.- FONDO DEL ASUNTO

I.- De la condición de consumidor y el principio *pro consumatore*:

De conformidad con el artículo 3 del Real Decreto Legislativo 1/2007, de 16 de noviembre, por el que se aprueba el TRLGDCU:

> «A efectos de esta ley, y sin perjuicio de lo dispuesto expresamente en sus libros tercero y cuarto, son consumidores o usuarios las personas físicas que actúen con un propósito ajeno a su actividad comercial, empresarial, oficio o profesión.
> Son también consumidores a efectos de esta norma las personas jurídicas y las entidades sin personalidad jurídica que actúen sin ánimo de lucro en un ámbito ajeno a una actividad comercial o empresarial».

De acuerdo con el artículo 4 del mismo texto legal: «A efectos de lo dispuesto en esta norma, se considera empresario a toda persona física o jurídica, ya sea privada o pública, que actúe directamente o a través de otra persona en su nombre o siguiendo sus instrucciones, con un propósito relacionado con su actividad comercial, empresarial, oficio o profesión».

En el presente caso, mi mandante, tal como se desprende de la escritura aportada como **documento n.º** [NÚMERO] con esta demanda, actuaba como consumidor contratando un préstamo con garantía hipotecaria para [FINALIDAD_PRÉSTAMO] (Exponen [NÚMERO] de la Escritura de Préstamo).

Además, mis representados no cuentan con ningún tipo especial de conocimiento financiero o bancario, dado que su profesión es [PROFESIÓN].

Así lo ha establecido la **STS n.º 265/2015, de 22 de abril. ECLI:ES:TS:2015:1723**, en su fundamento de derecho 3.º, apartado 4.º cuando dijo:

> «Conforme al artículo 2.b de la Directiva 1993/13/CEE, ha de entenderse por consumidor toda persona física que, en los contratos regulados por la Directiva, actúe con un propósito ajeno a su actividad profesional. La Ley 26/1984, de 19 de julio, General para la Defensa de los Consumidores y Usuarios, consideró consumidores o usuarios a las personas físicas o jurídicas que adquieren, utilizan o disfrutan como destinatarios finales, bienes muebles o inmuebles, productos, servicios, actividades o funciones, cualquiera que sea la naturaleza pública o privada, individual o colectiva de quienes los producen, facilitan, suministran o expiden, excluyendo de tal consideración a quienes sin constituirse en destinatarios finales, adquieran, almacenen, utilicen o consuman bienes o servicios, con el fin de integrarlos en procesos de producción, transformación, comercialización o prestación a terceros. (...)
> Por tanto, que el dinero prestado no fuera destinado a bienes de primera necesidad es irrelevante para la conceptuación del prestatario como consumidor. Para que el contrato esté excluido del ámbito tuitivo de la normativa de protección de consumidores por razones subjetivas es necesario no solo que el adherente sea también profesional o empresario, sino que, siendo una persona física, conste que la celebración del contrato se realice en calidad de tal empresario o profesional, por destinar el objeto del contrato a su actividad comercial, empresarial o profesional, valga la redundancia».

También la **sentencia del Tribunal Supremo n.º 166/2022, de 1 de marzo, ECLI:ES:TS:2022:791**, que reza:

«1.- La Ley de Consumidores de 1984 consideraba como tales a quienes actuaban como destinatarios finales de los productos o servicios, sin la finalidad de integrarlos en una actividad empresarial o profesional. Posteriormente, el art. 3 TRLCU matizó tal concepto, al afirmar que "son consumidores o usuarios las personas físicas o jurídicas que actúan en un ámbito ajeno a una actividad empresarial o profesional".

2.- Ambas definiciones, que no son excluyentes puesto que giran alrededor del criterio negativo de la actividad profesional o empresarial (sentencias 232/2021, de 29 de abril, y 693/2021, de 11 de octubre), deben se interpretadas a la luz de la Directiva 93/13/CE, de 5 de abril, sobre cláusulas abusivas en contratos celebrados con consumidores, y su aplicación por el TJUE. Como hemos declarado en las sentencias 533/2019, de 10 de octubre, 12/2020, de 15 de enero, y 808/2021, de 23 de noviembre, los criterios de Derecho comunitario para calificar a una persona como consumidora han sido resumidos por la STJUE de 14 de febrero de 2019, C-630/17 (asunto Anica Milivojevic v. Raiffeisenbank St. Stefan-Jagerberg- Wolfsberg eGen), al decir:

"El concepto de "consumidor" [...] debe interpretarse de forma restrictiva, en relación con la posición de esta persona en un contrato determinado y con la naturaleza y la finalidad de este, y no con la situación subjetiva de dicha persona, dado que una misma persona puede ser considerada consumidor respecto de ciertas operaciones y operador económico respecto de otras (véase, en este sentido, la sentencia de 25 de enero de 2018, Schrems, C-498/16 , EU:C:2018:37, apartado 29 y jurisprudencia citada).

"Por consiguiente, solo a los contratos celebrados fuera e independientemente de cualquier actividad o finalidad profesional, con el único objetivo de satisfacer las propias necesidades de consumo privado de un individuo, les es de aplicación el régimen específico establecido [...] para la protección del consumidor como parte considerada más débil, mientras que esta protección no se justifica en el caso de contratos cuyo objeto consiste en una actividad profesional (sentencia de 25 de enero de 2018, Schrems, C-498/16 , EU:C:2018:37, apartado 30 y jurisprudencia citada).

"Esta protección particular tampoco se justifica en el caso de contratos cuyo objeto es una actividad profesional, aunque esta se prevea para un momento posterior, dado que el carácter futuro de una actividad no afecta en nada a su naturaleza profesional (sentencia de 3 de julio de 1997, Benincasa, C- 269/95, apartado 17)"».

Delimitada la condición de consumidor y empresario de los actores y la demandada, respectivamente, ha de interpretarse el contrato en clave de **CONSUMIDOR**, siendo de aplicación el principio pro consumatore consagrado tanto en los **artículos 51. 1 y 53.3 de la CE**. Según se desprende de estos preceptos, este principio habrá de informar la legislación positiva, la práctica judicial y la actuación de los poderes públicos, vinculando en suma al legislador (STC n.º 71/1982, de 30 de noviembre, ECLI:ES:TC:1982:71), al juez y poderes públicos (STC n.º 19/1982, de 5 de mayo, ECLI:ES:TC:1982:19 y STC n.º 14/1992, de 10 de febrero, ECLI:ES:TC:1992:14).

II.- Del contrato de adhesión y de las condiciones generales de la contratación

Resulta notorio en nuestros días, sobre todo en sectores como el bancario, la imposición de un sistema de contratación por el empresario con un clausulado general que el consumidor debe aceptar sin posibilidad de negociación.

El documento contractual acompañado a la demanda ha de reputarse con toda nitidez como contrato de adhesión impuesto por la predisponente demandada frente a la usuaria adherente. En efecto, dispone el **artículo 1 de la Ley 7/1998, de 13 de abril, sobre Condiciones Generales de la Contratación** (LCGC) que «Son condiciones generales de la contratación las cláusulas predispuestas cuya incorporación al contrato sea impuesta por una de las partes, con independencia de la autoría material de las mismas, de su apariencia externa, de su extensión y de cualesquiera otras circunstancias, habiendo sido redactadas con la finalidad de ser incorporadas a una pluralidad de contratos».

El carácter como condiciones generales de contratación de las cláusulas que imponen una comisión de apertura ha sido ampliamente reconocido por nuestra jurisprudencia, en sentencias que, por su inmensidad, ni siquiera vamos a mencionar, configurándose —el carácter de condición general de la contratación— como un auténtico hecho notorio.

En el campo de la contratación con consumidores la carga de la prueba del carácter negociado de las cláusulas corresponde a la entidad demandada, según se desprende de lo establecido en la **STS n.º 265/2015, de 22 de abril, ECLI:ES:TS:2015:1723**, que en su fundamento de derecho 3.º, apartado 3 determina:

> «Es un hecho notorio que en determinados sectores de la contratación con los consumidores, en especial los bienes y servicios de uso común a que hace referencia el artículo 9 TRLCU, entre los que se encuentran los servicios bancarios, los profesionales o empresarios utilizan contratos integrados por condiciones generales de la contratación. De ahí que tanto la Directiva (artículo 3.2) como la norma nacional que la desarrolla (artículo 82.2 del Texto Refundido de la Ley General para la Defensa de los Consumidores y Usuarios) prevean que el profesional o empresario que afirme que una determinada cláusula ha sido negociada individualmente, asumirá la carga de la prueba de esa negociación. Así lo recuerda la STJUE de 16 de enero de 2014, asunto C-226/12, caso Constructora Principado, en su párrafo 19.
>
> Para que se considere que las cláusulas de los contratos celebrados con los consumidores en estos sectores de la contratación no tienen el carácter de condiciones generales, o de cláusulas no negociadas, y se excluya el control de abusividad, no basta con incluir en el contrato predispuesto un epígrafe de "condiciones particulares" o menciones estereotipadas y predispuestas que afirmen su carácter negociado ni con afirmar sin más en el litigio que la cláusula fue negociada individualmente. Para que la cláusula quede excluida del control de abusividad es preciso que el profesional o empresario explique y justifique las razones excepcionales que le llevaron a negociarla individualmente con ese concreto consumidor, en contra de lo que, de modo notorio, es habitual en estos sectores de la contratación y acorde a la lógica de la contratación en masa, y que se pruebe cumplidamente la existencia de tal negociación y las contrapartidas que ese concreto consumidor obtuvo por la inserción de cláusulas que favorecen la posición del profesional o empresario. Si tales circunstancias no son expuestas y probadas adecuadamente, la alegación de que ha existido negociación es solo una fórmula retórica carente de contenido real, y supone identificar contratación voluntaria y prestación de consentimiento libre en documento intervenido notarialmente con negociación contractual. Tal ecuación no es correcta.
>
> En definitiva, el sector bancario se caracteriza porque la contratación con consumidores se realiza mediante cláusulas predispuestas e impuestas por la entidad bancaria, y por tanto, no negociadas individualmente con el consumidor, lo que determina la procedencia del control de abusividad previsto en la Directiva 1993/13/CEE y en el Texto Refundido de la Ley General para la Defensa de los

Consumidores y Usuarios, salvo que se pruebe el supuesto excepcional de que el contrato ha sido negociado y el consumidor ha obtenido contrapartidas apreciables a la inserción de cláusulas beneficiosas para el predisponente».

III.- Del carácter abusivo del clausulado contractual predispuesto

Se considerarán cláusulas abusivas, según lo dispuesto en el **artículo 82.1 del TRLGDCU**, «(...) todas aquellas estipulaciones no negociadas individualmente y todas aquellas prácticas no consentidas expresamente que, en contra de las exigencias de la buena fe causen, en perjuicio del consumidor y usuario, un desequilibrio importante de los derechos y obligaciones de las partes que se deriven del contrato».

Asimismo, según lo establecido en el artículo 8, apartado 2, de la Ley 7/1998, sobre Condiciones Generales de la Contratación, «En particular serán nulas las condiciones generales que sean abusivas, cuando el contrato se haya celebrado con un consumidor, entendiendo por tales en todo caso las definidas en el artículo 10 bis y disposición adicional primera de la Ley 26/1984, de 19 de julio, General para la Defensa de los Consumidores y Usuarios».

Para la ponderación de la abusividad de la estipulación habrá de tenerse en cuenta, según reza el artículo 82.3 del TRLGDCU, la naturaleza del bien o servicio objeto de contrato. Y en este sentido, ha de tenerse presente, como se ha expuesto, que los servicios bancarios y financieros, son calificados como servicios de uso o consumo común, ordinario y generalizado, conforme a lo dispuesto por el Anexo I, letra C, ap. 13 del Real Decreto 1507/2000, de 1 de septiembre, lo que se traduce en el imperativo de una aplicación reforzada de los principios pro consumidor que afectan a este servicio. No necesitando al respecto, prueba al respecto, por ser un hecho notorio.

De la exégesis del contrato suscrito se colige, como se argumentará seguidamente, la existencia de un **flagrante desequilibrio contractual en beneficio de la demandada predisponente**, que por más que sea por desgracia una tónica extendida en el mercado financiero, no puede ser tolerado en derecho.

Finalmente, ha de recordarse, que tal y como dispone el artículo 1288 del CC: «La interpretación de las cláusulas oscuras de un contrato no deberá favorecer a la parte que hubiese ocasionado la oscuridad», así como según dispone el artículo 1256 del CC: «La validez y el cumplimiento de los contratos no puede dejarse al arbitrio de uno de los contratantes».

Es de aplicación el artículo 8 de la Ley 7/1998 de 13 de abril sobre Condiciones Generales de la Contratación.

Resulta de aplicación el texto refundido de la Ley General Para la Defensa de los Consumidores y Usuarios, en sus artículos 82, 89 y concordantes.

El artículo 89 de la LGDCU, en sus apartados 2 y 3, califica como cláusulas abusivas, en todo caso, «(...) la transmisión al consumidor y usuario de las consecuencias económicas de errores administrativos o de gestión que no le sean imputables» (número 2.°), y «(...) la imposición al consumidor de los gastos de documentación y tramitación que por ley corresponda al empresario» (número 3.°).

Resulta de aplicación la Directiva 93/13/CEE del Consejo, de 5 de abril de 1993, sobre las cláusulas abusivas en los contratos celebrados con consumidores.

IV.- De los efectos de la cláusula litigiosa: comisión de apertura

Al respecto de la comisión de apertura, establece el TJUE en su sentencia C-224/19 y C-259/19, de 16 de julio de 2020, ECLI:EU:C:2020:578, que si esta no responde al pago de servicios efectivamente prestados y gastos en los que haya incurrido la entidad financiera su pago por parte del consumidor resultará contrario a la buena fe.

«2) El artículo 3, el artículo 4, apartado 2, y el artículo 5 de la Directiva 93/13 deben interpretarse en el sentido de que las cláusulas contractuales incluidas en el concepto de «objeto principal del contrato» deben entenderse como las que regulan las prestaciones esenciales de ese contrato y que, como tales, lo caracterizan. En cambio, las cláusulas de carácter accesorio respecto de las que definen la esencia misma de la relación contractual no están incluidas en dicho concepto. El hecho de que una comisión de apertura esté incluida en el coste total de un préstamo hipotecario no implica que sea una prestación esencial de este. En cualquier caso, un órgano jurisdiccional de un Estado miembro está obligado a controlar el carácter claro y comprensible de una cláusula contractual referida al objeto principal del contrato, con independencia de si el artículo 4, apartado 2, de esta Directiva ha sido transpuesto al ordenamiento jurídico de ese Estado.

3) El artículo 3, apartado 1, de la Directiva 93/13 debe interpretarse en el sentido de que una cláusula de un contrato de préstamo celebrado entre un consumidor y una entidad financiera que impone al consumidor el pago de una comisión de apertura puede causar en detrimento del consumidor, contrariamente a las exigencias de la buena fe, un desequilibrio importante entre los derechos y obligaciones de las partes que se derivan del contrato, cuando la entidad financiera no demuestre que esta comisión responde a servicios efectivamente prestados y gastos en los que haya incurrido, extremo cuya comprobación incumbe al órgano jurisdiccional remitente"».

Así, el TJUE, a través de su **sentencia n.º C-565/21, de 16 de marzo de 2023, ECLI:EU:C:2023:212**:

«60 Procede puntualizar asimismo que sería contraria al artículo 3, apartado 1, de la Directiva 93/13 una jurisprudencia nacional de la que se desprendiera que no cabe en ningún caso considerar abusiva una cláusula que establezca una comisión de apertura por el mero hecho de que tenga por objeto servicios inherentes a la actividad de la entidad prestamista ocasionada por la concesión del préstamo y previstos en la normativa nacional. En efecto, esa jurisprudencia limitaría la facultad de los tribunales nacionales de llevar a cabo, de oficio en su caso, el examen, de acuerdo con esa disposición, de la potencial abusividad de las cláusulas en cuestión y, por consiguiente, no garantizaría un efecto pleno de los preceptos establecidos por la Directiva.

61 Habida cuenta de los motivos anteriores, el artículo 3, apartado 1, de la Directiva 93/13 debe interpretarse en el sentido de que no se opone a una jurisprudencia nacional que considera que una cláusula contractual que, de acuerdo con la normativa nacional pertinente, estipula el pago por el prestatario de una comisión de apertura, cuyo destino es remunerar los servicios relacionados con el estudio, el diseño y la tramitación singularizada de una solicitud de préstamo o crédito hipotecario, puede, en su caso, no causar, en detrimento del consumidor, un desequilibrio importante entre los derechos y las obligaciones de las partes que derivan del contrato, con la condición de que la posible existencia de dicho desequilibrio sea objeto de un control efectivo por el juez competente de conformidad con los criterios emanados de la jurisprudencia del Tribunal de Justicia».

El **Tribunal Supremo en su sentencia n.º 816/2023, de 29 de mayo, ECLI:ES:TS:2023:2131**, establece que la validez o invalidez de la cláusula que establece la comisión de apertura debe ser examinada de manera individualizada en cada caso.

Las SSTS n.º 964/2025, ECLI:ES:TS:2025:2618, y n.º 965/2025, ECLI:ES:TS:2025:2619, ambas de 17 de junio de 2025 también abordan el tema de la comisión de apertura fijando distintos aspectos a valorar:

Con relación al **control de transparencia**, deberá examinarse:

- El cumplimiento de la normativa bancaria vigente en la fecha del contrato (en estos casos, la Orden de 5 de mayo de 1994 sobre transparencia de las condiciones financieras de los préstamos hipotecarios, especialmente lo señalado en el apartado 4.1 de su anexo II).

- Que no existan solapamientos de comisiones por el mismo concepto, es decir, que no se cobren varias cantidades por el estudio y concesión del préstamo.

- Que la cláusula figure claramente en la escritura, redactada en términos claros y comprensibles, especificando el pago único inicial y permitiendo identificar fácilmente el coste económico.

- Que los consumidores hubieran conocido con carácter previo a la firma del contrato la existencia y cuantía de la comisión de apertura, mediante la información precontractual proporcionada.

Y con relación al **control de abusividad**, se prestará especial atención a:

- La fijación del coste de la comisión como porcentaje del capital prestado, lo que, por sí solo, no implica desequilibrio relevante; debe ser el juez quien valore la buena fe y la proporcionalidad de la cláusula.

- Para apreciar la proporcionalidad del importe, sin adoptar un control directo sobre los precios, se debe acudir a las estadísticas del coste medio de comisiones de apertura en España en el momento de constituirse el préstamo.

Por su parte, la **STS n.º 1621/2025, de 12 de noviembre, ECLI:ES:TS:2025:4955**, reitera su doctrina, y recuerda que, a efectos de valorar una posible abusividad:

- Respecto de la buena fe: debe comprobarse que el prestamista tratando de manera leal y equitativa con el consumidor, podía esperar razonablemente que este aceptaría una cláusula de ese tipo en el marco de una negociación individual.

- Respecto del desequilibrio importante: no cabe afirmar que una cláusula que establezca una comisión de apertura en un préstamo o crédito hipotecario no respete en todo caso el equilibrio entre los derechos y las obligaciones de las partes que derivan del contrato, sino que habrá que valorar que el coste no sea desproporcionado en relación con el importe del préstamo o que los servicios que se retribuyen con esta comisión no están ya incluidos en otros conceptos cobrados al consumidor. Y en este sentido añade:

  «Respecto de la proporcionalidad del importe, con todas las cautelas que supone el tener que examinar este requisito sin incurrir en un control de precios, consideramos, en las sentencias 816/2023, de 29 de mayo, 964/25 y 965/25, de 17 de junio, que una cláusula que suponía un porcentaje del capital entre el 0,25% y 1,50%, coste medio de comisiones de apertura en España accesibles en internet, no era desproporcionada, y no siendo este el caso, al suponer la comisión que nos ocupa, el 2,17 % del capital prestado, debemos establecer que no respeta el equilibrio entre los derechos y las obligaciones de las partes que derivan del contrato, siendo desproporcionada en relación con el importe del préstamo, y por tal razón, ha de apreciarse su carácter abusivo y mantener su nulidad».

También conviene recordar aquí la **STS n.º 1625/2025, de 12 de noviembre, ECLI:ES:TS:2025:5086**, que declara abusiva una comisión de apertura por no recoger en la propia cláusula el importe de la misma (la cláusula recogía el porcentaje pero no el importe sobre el que se aplica), y reitera los requisitos que debe reunir la comisión de apertura para superar el control de transparencia:

- La comisión debe comprender todos («cualesquiera») los gastos de estudio, concesión o tramitación del préstamo hipotecario, u otros similares inherentes a la actividad de la entidad prestamista ocasionada por la concesión del préstamo.
- Debe integrarse obligatoriamente en una única comisión, que tiene que denominarse necesariamente «comisión de apertura».
- Se devengará de una sola vez.
- Su importe y su forma y fecha de liquidación deben estar especificados en la propia cláusula.

Son numerosas las audiencias que han considerado que dicha cláusula debe reputarse como abusiva, y así podemos citar la **sentencia de la Audiencia Provincial de Huelva n.º 153/2023, de 1 de marzo, ECLI:ES:APH:2023:1**:

> «(…) La entidad ha de disponer de toda clase de medios materiales y personales para desarrollar su objeto social o empresarial, el que le es propio, y no se entiende qué razón podría haber para no entender entonces - de aceptarse esa versión de la causa de la citada comisión- que cualquier prestación de servicios o cualquier entrega de bienes en el mercado no debiera generar siempre y en todo caso una comisión añadida o un cargo suplementario en beneficio del empresario y satisfecho por el consumidor, simplemente porque el vendedor o prestador de servicios asume los gastos propios de su empresa. Tales gastos generales no constituyen un servicio específico dado al consumidor sino los habituales e inamovibles, fijos, propios de la mera existencia del negocio o del establecimiento abierto al público, y se dan haya o no préstamo finalmente concertado. Su relación concreta y específica con el crédito concedido no existe, y el mismo alegato sirve precisamente para entender que la comisión impuesta con la cláusula y el gasto de que se trata carece de toda base».

También la **sentencia de la Audiencia Provincial de Santander n.º 680/2025, de 29 de octubre, ECLI:ES:APS:2025:1939**, considera abusiva la comisión de apertura basándose en que:

> «(…)después de analizar la normativa que ha venido regulando las comisiones bancarias y la comisión de apertura, teniendo en cuenta también el régimen legal contenido en la ley 5/2019, el análisis de dicha cláusula debe tener en cuenta los siguientes aspectos:
> 1ª La comisión de apertura no forma parte del objeto principal del contrato, según se ha puesto de relieve por la sentencia del Tribunal de Justicia de la Unión Europea anteriormente recogida.
> 2ª El juez deberá proceder a un examen individualizado del contrato para comprobar si se cumplen los requisitos exigidos por el mencionado Tribunal.
> 3ª La comisión debe comprender todos los gastos de estudio, concesión o tramitación del préstamo hipotecario u otros similares inherentes a la actividad de la entidad prestamista ocasionada por la concesión del préstamo. No es necesario que se detallen los mismos, ni que se acredite que se han llevado a cabo dichas actuaciones, que el Tribunal Supremo considera ínsitas en la propia concesión del crédito. Se deben integrar en una única comisión que se denomine necesariamente comisión de apertura. Dicha comisión se devengará

por una sola vez y su importe y forma y fecha de liquidación deben estar especificados en la propia cláusula.

4ª Se debe comprobar también que no hay un solapamiento de comisiones por el mismo concepto.

5ª Para que el consumidor pueda entender la naturaleza de los servicios prestados en contrapartida a la comisión de apertura la cláusula debe figurar claramente en la escritura pública, individualizada en relación con otros pactos y condiciones y sus términos estarán resaltados y quedar claro que consiste en un pago único e inicial.

6ª Habrá que valorar que el coste no sea desproporcionado en relación con el importe del préstamo. A este efecto el Tribunal Supremo considera que, según las estadísticas del coste medio de comisiones de apertura en España, accesible en internet, dicho coste oscila entre el 0,25% y el 1,50%».

A la vista de lo expuesto, ha existido, por tanto, una imposición al consumidor de la comisión de apertura, sin discriminación alguna ni negociación individual, prueba esta que compete al empresario (artículo 82, apartado 2, del TRLGCU). La consecuencia es que dicha estipulación ha de considerarse abusiva, y por tanto nula, ya que ha causado un desequilibrio en perjuicio del consumidor, tal y como se afirmó en la citada sentencia del TS de 23 de diciembre de 2015 y, por ello, conforme al artículo 1303 del CC, debe de reintegrársele el abono de todos los gastos derivados del préstamo hipotecario junto con el dinero pagado en concepto de comisión de apertura.

OCTAVO.- COSTAS

Conforme a lo dispuesto en el artículo 394 de la LEC **(7)**, en los procesos declarativos se impondrán las costas a la parte que haya visto rechazadas todas sus pretensiones, y las peticiones de la demanda hayan sido estimadas, aunque sea SUSTANCIALMENTE.

En todo caso, la entidad demanda, ha sido requerida conforme establece el artículo 439.5 de la LEC, sin que haya dado satisfacción a las pretensiones de la actora, buscando excusas y argumentos carentes de sentido y siguiendo abusando en su posición dominante de empresario, exigiéndole la aportación de documentos que ellos mismos tienen en su poder y con argumentos legales que ya han sido suficientemente superados en cuanto a la nulidad de dichas cláusulas. Por ese motivo, y aunque se allanase íntegramente a esta demanda, DEBERÁ SER CONDENADA EN COSTAS.

Si la estimación de la demanda fuere parcial solicitamos, igualmente, la condena en costas a la entidad demandada por haber actuado con temeridad, no solo al otorgar el préstamo hipotecario con las condiciones y cláusulas cuya nulidad se interesa, sino también posteriormente no contestando a la reclamación extrajudicial efectuada por esta parte/no ofreciendo a la ahora actora ninguna otra posibilidad de eliminar o modificar algunas de las cláusulas cuya nulidad es evidente, reintegrando lo cobrado indebidamente.

Teniendo presente lo dispuesto por el TJUE al respecto de quién debe abonar las costas procesales: que **el consumidor no ha de soportar aquella parte de las mismas proporcionalmente a las cantidades que se califiquen como indebidamente pagadas por la nulidad de la cláusula abusiva.**

Resulta relevante en este punto la **STS n.º 1172/2025, de 17 de julio, ECLI:ES:TS:2025:3577**, en la que se afirma:

«Es pacífica y extensa la jurisprudencia de esta Sala que, desde la sentencia nº 35/2021, de 27 de enero, declara que, estimada la acción de nulidad por abusiva de la cláusula de gastos, aunque no se estimen la totalidad de todas las cláusulas impugnadas en los términos inicialmente establecidos en la demanda, o la totalidad de las pretensiones restitutorias, procede la imposición de las costas de la primera instancia al banco demandado, conforme con la sentencia del TJUE de 16 de julio de 2020, C-224/19 y C-259/19, CaixaBank y BBVA».

NOVENO.- *IURA NOVIT CURIA*

En todo lo no invocado resulta de aplicación el principio iura novit curia, plasmado en el artículo 218 de la LEC.

En virtud de todo lo expuesto,

SUPLICO AL JUZGADO/ A LA SECCIÓN:

Que teniendo por presentado este escrito con los documentos y copias que se acompañan, se sirva admitirlo y, en mérito del mismo, de conformidad con las manifestaciones que contiene, se tenga por interpuesta **DEMANDA DE JUICIO DECLARATIVO ORDINARIO DE ACCIÓN INDIVIDUAL DE NULIDAD DE CONDICIÓN GENERAL DE LA CONTRATACIÓN**, contra la entidad demandada [NOMBRE_EMPRESA], S.A., se me tenga por parte demandante en la representación acreditada, mandando se entiendan conmigo las sucesivas diligencias y previo cumplimiento de los trámites procesales de rigor, incluso el recibimiento del pleito a prueba que ya dejo interesado para su momento procesal oportuno, se dicte sentencia por la que:

1.- Se declare nula por abusiva y falta de transparencia la cláusula [NÚMERO] por ser la **CLÁUSULA DE LA COMISIÓN DE APERTURA**, indicada **ESCRITURA DE PRÉSTAMO HIPOTECARIO** suscrita entre el demandante y demandado en fecha [FECHA], condenando a la demandada a su total eliminación del contrato.

2.- Se condene, a la demandada a estar y pasar por dicha declaración y por tanto a eliminar dicha cláusula del referido contrato.

3.- A devolver la cantidad de [CANTIDAD] euros en concepto de comisión apertura por ser abusiva y por lo tanto nula de pleno derecho.

4.- Todo ello con los intereses legales desde que estas cantidades fueron abonadas indebidamente por mi representada (artículos 1108 y 1109 del Código Civil), y más los intereses procesales del artículo 576 de la LEC desde la resolución que se dicte,

5.- Se condene expresamente, y en todo caso, a la demandada al pago de las **COSTAS JUDICIALES** que se causen en el presente procedimiento, por ser de preceptiva imposición caso de estimación de la demanda, aunque sea de forma sustancial y no total.

Por ser justicia que pido en la ciudad de [LOCALIDAD], a [FECHA].

[FIRMAS]

OTROSÍ DIGO: al amparo de lo preceptuado en el artículo 231 de la LEC, esta parte manifiesta su voluntad de cumplir estrictamente los requisitos exigidos por la ley a efectos de subsanar los defectos que pueda incurrir en esta demanda y en cualquier otro acto procesal, en caso de existir los mismos.

En consecuencia,

SUPLICO AL JUZGADO/A LA SECCIÓN:

Que tenga por realizada la anterior manifestación a los efectos legales oportunos.

Mismo lugar y fecha ut supra.

[FIRMAS]

---

(1) Por la reforma realizada por la **LO 1/2025, de 2 de enero**, una vez implantados de forma efectiva los tribunales de instancia (**D.T. 1.ª**), todas las referencias realizadas a los juzgados unipersonales se entenderán realizadas a las secciones del orden jurisdiccional correspondiente de los tribunales de instancia.

(2) En este punto deben concretarse los motivos por los que consideramos que la cláusula es abusiva. En este caso aludimos, a modo de ejemplo, a un porcentaje superior a la media, y a la falta de concreción de la cifra sobre la que se aplica dicho porcentaje, que son dos de los motivos que el TS ha reconocido en su jurisprudencia.

(3) No se admitirán las demandas que tengan por objeto las acciones de reclamación de devolución de las cantidades indebidamente satisfechas por el consumidor en aplicación de determinadas cláusulas suelo o de cualesquiera otras cláusulas que se consideren abusivas contenidas en contratos de préstamo o crédito garantizados con hipoteca inmobiliaria cuando no se acompañe a la demanda documento que justifique haber practicado el consumidor una reclamación previa extrajudicial a la persona física o jurídica que realice la actividad de concesión de préstamos o créditos de manera profesional, con el fin de que reconozca expresamente el carácter abusivo de dichas cláusulas, con la consiguiente devolución de las cantidades indebidamente satisfechas por el consumidor (art. 439.5 de la LEC).

(4) El art. 85 de la LEC ha sido objeto de modificación por la **LO 1/2025, de 2 de enero**, con efectos desde el 23 de enero de 2025.

(5) La **LO 1/2025, de 2 de enero** ha modificado el artículo 543 de la LOPJ, con efectos desde el 23 de enero de 2025, y los artículos 23 y 31 de la LEC, con efectos desde el 3 de abril de 2025.

(6) Si la demanda se hubiese presentado antes del 20 de marzo de 2024, el procedimiento aplicable hubiera sido el del juicio ordinario, ya que antes de la reforma introducida por el Real Decreto-ley 6/2023, de 19 de diciembre, el art. 249.1.5.º de la LEC disponía que estas demandas se encontraban incluidas en el ámbito del juicio ordinario.

(7) El art. 394 de la LEC ha sido modificado por la **LO 1/2025, de 2 de enero**, con efectos desde el 3 de abril de 2025.

Recurso de apelación en materia de reclamación de comisión de apertura en préstamo hipotecario

Procedimiento [NÚMERO] / [AÑO]

A LA AUDIENCIA PROVINCIAL DE [PROVINCIA] (1)

Don/Doña [NOMBRE_PROCURADOR_CLIENTE], procurador/a de los tribunales, en nombre y representación de **don/doña** [NOMBRE_CLIENTE], según tengo acreditado en los autos de juicio verbal **(2)** señalados con el número [NÚMERO], seguidos a instancia de don/doña [NOMBRE_PARTECONTRARIA], ante la audiencia comparezco y como mejor proceda en derecho,

DIGO

En la representación que ostento y por medio del presente escrito, dentro del plazo que me ha sido conferido, interpongo, en tiempo y forma, **RECURSO DE APELACIÓN contra la SENTENCIA** [SENTENCIA_NÚMERO] de fecha [FECHA], de conformidad con los siguientes,

HECHOS

PRIMERO.- Con fecha [DÍA] de [MES] de [AÑO], el Juzgado de Primera Instancia de [LOCALIDAD]/la sección civil del Tribunal de Instancia de [LOCALIDAD] **(3)** dictó sentencia no favorable para don/doña [NOMBRE_CLIENTE], que había demandado a la entidad bancaria [DENOMINACIÓN_ENTIDAD_BANCARIA], imponiéndole las costas.

SEGUNDO.- Se observan todos los requisitos legales para el recurso, interpuesto ante el tribunal competente para conocer del mismo dentro del plazo de 20 días contados desde la notificación de la misma, según establece el artículo 458 de la Ley de Enjuiciamiento Civil.

Tales hechos se basan en los siguientes,

FUNDAMENTOS DE DERECHO

PRIMERO.- Este recurso tiene su causa en el hecho tratado por la demanda [NÚMERO] de Don/Doña [NOMBRE_PARTE_CONTRARIA] contra la entidad bancaria [DENOMINACIÓN_ENTIDAD_BANCARIA], sobre la reclamación a la referida entidad bancaria de la nulidad de la cláusula considerada abusiva por la que se impone una comisión de apertura en el préstamo hipotecario concertado y la correspondiente restitución de las cantidades en tal concepto abonadas.

SEGUNDO.- Como ya expusimos y acreditamos en la referida demanda mi mandante, a razón de la firma del contrato de hipoteca, efectuada en la notaría del/de la notario/a don/doña [NOMBRE_NOTARIO], sita en la calle [DIRECCIÓN], abonó [CANTIDAD] euros correspondiente al [NÚMERO] % estipulado en concepto de comisión de apertura en aquel contrato y que consideramos abusiva y, consiguientemente nula a todos los efectos.

TERCERO.- Declarada abusiva una cláusula, la misma será nula y por consiguiente dará derecho a que se restituya la situación anterior a la misma.

Artículo 82 del TRLDCU

«1. Se considerarán cláusulas abusivas todas aquellas estipulaciones no negociadas individualmente y todas aquéllas prácticas no consentidas expresamente que, en contra de las exigencias de la buena fe causen, en perjuicio del consumidor y usuario, un desequilibrio importante de los derechos y obligaciones de las partes que se deriven del contrato.

2. El hecho de que ciertos elementos de una cláusula o que una cláusula aislada se hayan negociado individualmente no excluirá la aplicación de las normas sobre cláusulas abusivas al resto del contrato.

El empresario que afirme que una determinada cláusula ha sido negociada individualmente, asumirá la carga de la prueba.

3. El carácter abusivo de una cláusula se apreciará teniendo en cuenta la naturaleza de los bienes o servicios objeto del contrato y considerando todas las circunstancias concurrentes en el momento de su celebración, así como todas las demás cláusulas del contrato o de otro del que éste dependa (...)».

Artículo 83 del TRLDCU

«Las cláusulas abusivas serán nulas de pleno derecho y se tendrán por no puestas. A estos efectos, el Juez, previa audiencia de las partes, declarará la nulidad de las cláusulas abusivas incluidas en el contrato, el cual, no obstante, seguirá siendo obligatorio para las partes en los mismos términos, siempre que pueda subsistir sin dichas cláusulas.

Las condiciones incorporadas de modo no transparente en los contratos en perjuicio de los consumidores serán nulas de pleno derecho».

Artículo 1303 del CC

«Declarada la nulidad de una obligación, los contratantes deben restituirse recíprocamente las cosas que hubiesen sido materia del contrato, con sus frutos, y el precio con los intereses, salvo lo que se dispone en los artículos siguientes».

En este sentido la **STJUE n.º C-224/19, de 16 de julio de 2020, ECLI:EU:C:2020:578,** señala:

«52 En consecuencia, debe considerarse que, en principio, una cláusula contractual declarada abusiva nunca ha existido, de manera que no podrá tener efectos frente al consumidor. Por consiguiente, la declaración judicial del carácter abusivo de tal cláusula debe tener como consecuencia, en principio, el restablecimiento de la situación de hecho y de Derecho en la que se encontraría el consumidor de no haber existido dicha cláusula (sentencia de 21 de diciembre de 2016, Gutiérrez Naranjo y otros, C154/15, C307/15 y C308/15, EU:C:2016:980, apartado 61).

53 De este modo, el Tribunal de Justicia ha considerado que el juez nacional debe deducir todas las consecuencias que, según el Derecho interno, deriven de la comprobación del carácter abusivo de la cláusula considerada, a fin de evitar que la mencionada cláusula vincule al consumidor (sentencia de 30 de mayo de 2013, Asbeek Brusse y de Man Garabito, C488/11, EU:C:2013:341, apartado 49). En particular, la obligación del juez nacional de dejar sin aplica-

ción una cláusula contractual abusiva que imponga el pago de importes que resulten ser cantidades indebidamente pagadas genera, en principio, el correspondiente efecto restitutorio en relación con tales importes (sentencia de 21 de diciembre de 2016, Gutiérrez Naranjo y otros, C154/15, C307/15 y C308/15, EU:C:2016:980, apartado 62)».

CUARTO.- La cláusula que contempla la comisión de apertura se considera abusiva cuando no se demuestre que la comisión responde a servicios efectivamente prestados y gastos en los que se haya incurrido. Así se ha declarado por el TJUE en la citada **sentencia n.º C-224/19, de 16 de julio de 2020, ECLI:EU:C:2020:578**:

«1) El artículo 6, apartado 1, y el artículo 7, apartado 1, de la Directiva 93/13/CEE del Consejo, de 5 de abril de 1993, sobre las cláusulas abusivas en los contratos celebrados con consumidores, deben interpretarse en el sentido de que se oponen a que, en caso de nulidad de una cláusula contractual abusiva que impone al consumidor el pago de la totalidad de los gastos de constitución y cancelación de hipoteca, el juez nacional niegue al consumidor la devolución de las cantidades abonadas en virtud de esta cláusula, salvo que las disposiciones de Derecho nacional aplicables en defecto de tal cláusula impongan al consumidor el pago de la totalidad o de una parte de esos gastos.

2) El artículo 3, el artículo 4, apartado 2, y el artículo 5 de la Directiva 93/13 deben interpretarse en el sentido de que las cláusulas contractuales incluidas en el concepto de «objeto principal del contrato» deben entenderse como las que regulan las prestaciones esenciales de ese contrato y que, como tales, lo caracterizan. En cambio, las cláusulas de carácter accesorio respecto de las que definen la esencia misma de la relación contractual no están incluidas en dicho concepto. El hecho de que una comisión de apertura esté incluida en el coste total de un préstamo hipotecario no implica que sea una prestación esencial de este. En cualquier caso, un órgano jurisdiccional de un Estado miembro está obligado a controlar el carácter claro y comprensible de una cláusula contractual referida al objeto principal del contrato, con independencia de si el artículo 4, apartado 2, de esta Directiva ha sido transpuesto al ordenamiento jurídico de ese Estado.

3) El artículo 3, apartado 1, de la Directiva 93/13 debe interpretarse en el sentido de que una cláusula de un contrato de préstamo celebrado entre un consumidor y una entidad financiera que impone al consumidor el pago de una comisión de apertura puede causar en detrimento del consumidor, contrariamente a las exigencias de la buena fe, un desequilibrio importante entre los derechos y obligaciones de las partes que se derivan del contrato, cuando la entidad financiera no demuestre que esta comisión responde a servicios efectivamente prestados y gastos en los que haya incurrido, extremo cuya comprobación incumbe al órgano jurisdiccional remitente».

En la misma línea se pronuncia la **STJUE n.º C-565/21, de 16 de marzo de 2023, ECLI:EU:C:2023:212**:

«1) El artículo 4, apartado 2, de la Directiva 93/13/CEE del Consejo, de 5 de abril de 1993, sobre las cláusulas abusivas en los contratos celebrados con consumidores,
debe interpretarse en el sentido de que
se opone a una jurisprudencia nacional que, a la vista de la normativa nacional que preceptúa que la comisión de apertura retribuye los servicios relacionados con el estudio, la concesión o la tramitación del préstamo o crédito hipotecario u otros servicios similares, considera que la cláusula que establece esa comisión forma parte del «objeto principal del contrato» a efectos de dicha

disposición, por entender que tal comisión constituye una de las partidas principales del precio.

2) El artículo 5 de la Directiva 93/13

debe interpretarse en el sentido de que,

para valorar el carácter claro y comprensible de una cláusula contractual que estipula el pago por el prestatario de una comisión de apertura, el juez competente deberá comprobar, a la vista de todos los elementos de hecho pertinentes, que el prestatario está en condiciones de evaluar las consecuencias económicas que se derivan para él de dicha cláusula, entender la naturaleza de los servicios proporcionados como contrapartida de los gastos previstos en ella y verificar que no hay solapamiento entre los distintos gastos previstos en el contrato o entre los servicios que estos retribuyen».

También nuestro Tribunal Supremo se ha pronunciado sobre la abusividad de estas cláusulas, y así en su STS n.º 816/2023, de 29 de mayo, ECLI:ES:TS:2023:2131, recuerda que en virtud de lo establecido por el TJUE, a la hora de valorar la transparencia debe de tenerse en cuenta lo dispuesto en la Orden de 5 de mayo de 1994, que señala los siguientes aspectos: «(...) (i) la comisión debía comprender todos («cualesquiera») los gastos de estudio, concesión o tramitación del préstamo hipotecario, u otros similares inherentes a la actividad de la entidad prestamista ocasionada por la concesión del préstamo; (ii) debía integrarse obligatoriamente en una única comisión, que tenía que denominarse necesariamente «comisión de apertura»; (iii) dicha comisión se devengaría de una sola vez; y (iv) su importe y su forma y fecha de liquidación debían estar especificados en la propia cláusula».

Por su parte la **STS n.º 964/25, de 17 de junio, ECLI:ES:TS:2025:2618**, también recuerda la doctrina europea y afirma que el juez debe comprobar, para garantizar la claridad y comprensión de la cláusula, los siguientes elementos:

«(i) Evaluar las consecuencias económicas que se derivan para el consumidor de dicha cláusula, lo que conllevará que pueda entender la naturaleza de los servicios proporcionados como contrapartida de los gastos previstos en ella.

(ii) Verificar que no hay solapamiento entre los distintos gastos previstos en el contrato o entre los servicios que estos retribuyen.

(iii) Comprobar que la entidad financiera ha suministrado la información obligatoria conforme a la normativa nacional y si la ha incluido en su oferta o publicidad previa en relación con el tipo de contrato suscrito

(iv) Valorar la especial atención que el consumidor medio presta a una cláusula de este tipo, en la medida en que estipula el pago íntegro de una cantidad sustancial desde el momento de la concesión del préstamo o crédito».

Más recientemente, la **STS n.º 1621/2025, de 12 de noviembre, ECLI:ES:TS:2025:4955**, recuerda que:

«(i) Respecto de la **buena fe**, debe comprobarse que el prestamista tratando de manera leal y equitativa con el consumidor, podía esperar razonablemente que este aceptaría una cláusula de ese tipo en el marco de una negociación individual (apartado 50).

(ii) Respecto del **desequilibrio importante**, que no cabe afirmar que una cláusula que establezca una comisión de apertura en un préstamo o crédito hipotecario no respete en todo caso el equilibrio entre los derechos y las obligaciones de las partes que derivan del contrato, sino que habrá que valorar que el coste no sea desproporcionado en relación con el importe del préstamo o que los servicios que se retribuyen con esta comisión no están ya incluidos en otros conceptos cobrados al consumidor (apartados 51, 58 y 59)».

Además, añade sobre la proporcionalidad que «(...) con todas las cautelas que supone el tener que examinar este requisito sin incurrir en un control de precios, consideramos, en las sentencias 816/2023, de 29 de mayo, 964/25 y 965/25, de 17 de junio, que una cláusula que suponía un *porcentaje del capital entre el 0,25% y 1,50%, coste medio de comisiones de apertura en España accesibles en internet*, no era desproporcionada, y no siendo este el caso, al suponer la comisión que nos ocupa, el 2,17 % del capital prestado, debemos establecer que no respeta el equilibrio entre los derechos y las obligaciones de las partes que derivan del contrato, siendo desproporcionada en relación con el importe del préstamo, y por tal razón, ha de apreciarse su carácter abusivo y mantener su nulidad».

Por otra parte, la **STS n.º 1625/2025, de 12 de noviembre, ECLI:ES:TS:2025:5086**, insiste en que la cláusula que establece la comisión de apertura no supera automáticamente el control de transparencia, y tras reiterarse en los requisitos de transparencia, considera que establecer un porcentaje pero no la cifra sobre el que se aplica, omitiendo así un dato imprescindible para la comprensión del alcance jurídico y económico de la comisión, conlleva la nulidad de la misma.

Por todo ello, como ya hemos señalado en la demanda, considera mi mandante nula la comisión de apertura toda vez que en el contrato de préstamo hipotecario no se han respetado los límites y requisitos fijados por nuestros tribunales.

El Tribunal de Instancia no ha valorado correctamente los siguientes aspectos: [ESPECIFICAR].

QUINTO.- Hecha la alegación anterior, hemos de declarar el derecho de mi mandante a la restitución de las cantidades que en concepto de comisión de apertura abonó en su momento. Entendemos, igualmente, que no ha prescrito dicha posibilidad.

Esto último deriva de la imprescriptibilidad en el caso de la acción que solicita la declaración de nulidad de la cláusula (**STS n.º 663/2021, de 4 de octubre, ECLI:ES:TS:2021:3585**), que en este recurso solicitamos, y en el hecho de que el plazo de prescripción de 5 años a que está sujeto la acción restitutoria conforme al artículo 1964.2 del CC, no empezará a correr en tanto no adquiera firmeza la resolución que reconozca la nulidad de la cláusula.

Así, la STJUE n.º C-776/19 a C-782/19, de 10 de junio de 2021, ECLI:EU:C:2021:470, señalaba que:

> «37 En tercer lugar, de la jurisprudencia se desprende que procede considerar, en principio, que una cláusula contractual declarada abusiva nunca ha existido, de manera que no podrá tener efectos frente al consumidor. El Tribunal de Justicia ha deducido de ello que la declaración judicial del carácter abusivo de tal cláusula debe tener como consecuencia, en principio, el restablecimiento de la situación de hecho y de Derecho en la que se encontraría el consumidor de no haber existido dicha cláusula, de modo que la obligación del juez nacional de dejar sin aplicación una cláusula contractual abusiva que imponga el pago de importes que resulten ser cantidades indebidamente abonadas genera, en principio, el correspondiente efecto restitutorio en relación con tales importes (véanse, en este sentido, las sentencias de 21 de diciembre de 2016, Gutiérrez Naranjo y otros, C154/15, C307/15 y C308/15, EU:C:2016:980, apartados 61 y 62, y de 9 de julio de 2020, Raiffeisen Bank y BRD Groupe Société Générale, C698/18 y C699/18, EU:C:2020:537, apartado 54).
>
> 38 Desde esta perspectiva, procede considerar que, para garantizar una protección efectiva de los derechos que la Directiva 93/13 confiere al consumidor, este debe **poder invocar en todo momento el carácter abusivo de una cláusula contractual** no solo como medio de defensa, sino también a efectos

de que el juez declare el carácter abusivo de una cláusula contractual, de modo que una acción ejercitada por el consumidor para que se declare el carácter abusivo de una cláusula incluida en un contrato celebrado entre un profesional y un consumidor no puede estar sujeta a ningún plazo de prescripción.

(...)

46 Procede señalar que un plazo de prescripción únicamente puede ser compatible con el principio de efectividad si el consumidor pudo conocer sus derechos antes de que dicho plazo empezase a correr o de que expirase (véanse, en este sentido, las sentencias de 6 de octubre de 2009, Asturcom Telecomunicaciones, C40/08, EU:C:2009:615, apartado 45; de 9 de julio de 2020, Raiffeisen Bank y BRD Groupe Société Générale, C698/18 y C699/18, EU:C:2020:537, apartado 67, y de 16 de julio de 2020, Caixabank y Banco Bilbao Vizcaya Argentaria, C224/19 y C259/19, EU:C:2020:578, apartado 91).

47 Pues bien, la oposición de un plazo de prescripción de cinco años, como el controvertido en los litigios principales, a una acción ejercitada por un consumidor para obtener la devolución de cantidades indebidamente abonadas, sobre la base de cláusulas abusivas en el sentido de la Directiva 93/13, que empieza a correr en la fecha de la aceptación de la oferta de préstamo, no garantiza a dicho consumidor una protección efectiva, ya que ese plazo puede haber expirado antes incluso de que el consumidor pueda tener conocimiento del carácter abusivo de una cláusula contenida en el contrato en cuestión. Un plazo de ese tipo hace excesivamente difícil el ejercicio de los derechos que la Directiva 93/13 confiere a dicho consumidor y, por consiguiente, viola el principio de efectividad (véanse, por analogía, las sentencias de 9 de julio de 2020, Raiffeisen Bank y BRD Groupe Société Générale, C698/18 y C699/18, EU:C:2020:537, apartados 67 y 75, y de 16 de julio de 2020, Caixabank y Banco Bilbao Vizcaya Argentaria, C224/19 y C259/19, EU:C:2020:578, apartado 91).

48 Habida cuenta de lo anterior, procede responder a las cuestiones prejudiciales primera y segunda que los artículos 6, apartado 1, y 7, apartado 1, de la Directiva 93/13 deben interpretarse, a la luz del principio de efectividad, en el sentido de que se oponen a una normativa nacional que sujeta el ejercicio de una acción por un consumidor:

– a efectos de la declaración del carácter abusivo de una cláusula incluida en un contrato celebrado entre un profesional y dicho consumidor, a un plazo de prescripción;

– a efectos de la devolución de cantidades indebidamente abonadas, sobre la base de tales cláusulas abusivas, a un plazo de prescripción de cinco años, desde el momento en que dicho plazo empiece a correr en la fecha de la aceptación de la oferta de préstamo, de modo que el consumidor podía ignorar, en ese momento, todos los derechos que le reconoce la citada Directiva».

Por su parte, el **auto del Tribunal Supremo n.° 235/2025, de 18 de noviembre, ECLI:ES:TS:2025:10758A,** resume los criterios jurisprudenciales ya consolidados en la materia en los siguientes términos:

«(...) conforme a la jurisprudencia de esta sala, en consonancia con la del TJUE, **el plazo de prescripción de la acción de restitución o recuperación de las cantidades abonadas indebidamente por aplicación de una cláusula abusiva en un contrato con consumidores no comienza hasta la firmeza de la sentencia que declara la nulidad de la cláusula** que obligaba a tales pagos, salvo que el profesional pruebe que, en el marco de sus relaciones contractuales, ese concreto consumidor pudo conocer en una fecha anterior que esas estipulaciones eran abusivas [por todas, sentencia de Pleno 857/2024, de 14 de junio, subsiguiente a la STJUE de 25 de abril de 2024 (C-561/21)]».

SEXTO.- A la vista de lo anteriormente alegado, consideramos que no cabe duda alguna sobre el carácter abusivo de la cláusula de comisión de apertura incorporada al préstamo hipotecario concertado por mi mandante, y, por consiguiente, procede declarar su nulidad de pleno derecho y la correspondiente restitución de las cantidades abonadas en ese concepto.

Por todo lo expuesto,

SUPLICO A LA AUDIENCIA:

Que tenga por presentado el presente **RECURSO DE APELACIÓN**, lo admita y dicte sentencia declarando la nulidad de la cláusula de comisión de apertura y reconociendo el derecho de mi mandante a la restitución del importe abonado en aquel concepto y revoque la sentencia del juzgado de primera instancia de [LOCALIDAD].

Es justicia que pido en [LOCALIDAD], a [DÍA] de [MES] de [AÑO].

FIRMADO: Procurador/a   FIRMADO: Abogado/a

---

(1) Tras la reforma operada en el art. 458 de la LEC por el RD-ley 6/2023, de 19 de diciembre, con entrada en vigor el 20/03/2024, el recurso de apelación se interpone ante el tribunal competente para conocer del mismo dentro del plazo de 20 días desde la notificación de la resolución impugnada, de la cual debe acompañarse copia.

(2) Si la demanda se hubiese presentado antes del 20 de marzo de 2024, el procedimiento aplicable hubiera sido el del juicio ordinario, ya que antes de la reforma introducida por el Real Decreto-ley 6/2023, de 19 de diciembre, el art. 249.1.5.º de la LEC disponía que estas demandas se encontraban incluidas en el ámbito del juicio ordinario.

(3) Por la reforma realizada por la LO 1/2025, de 2 de enero, una vez implantados de forma efectiva los tribunales de instancia (D.T. 1.ª), todas las referencias realizadas a los juzgados unipersonales se entenderán realizadas a las secciones del orden jurisdiccional correspondiente de los tribunales de instancia.

Demanda de nulidad de gastos de constitución de hipoteca y reclamación de cantidad

A TENER EN CUENTA. Por la reforma realizada por la LO 1/2025, de 2 de enero, una vez implantados de forma efectiva los tribunales de instancia (D.T. 1.ª), todas las referencias realizadas a los juzgados unipersonales se entenderán realizadas a las secciones del orden jurisdiccional correspondiente de los tribunales de instancia. Además, desde el 03/04/2025 se introduce un nuevo apartado 5 en el artículo 439 de la LEC en el que se establece como requisito de procedibilidad en las acciones de reclamación de devolución de las cantidades indebidamente satisfechas por el consumidor en aplicación de determinadas cláusulas suelo o de cualesquiera otras cláusulas que se consideren abusivas contenidas en contratos de préstamo o crédito garantizados con hipoteca inmobiliaria, una reclamación extrajudicial previa frente a las personas físicas o jurídicas que realicen la actividad de concesión de préstamos o créditos de manera profesional. La regulación de dicha reclamación extrajudicial previa se contiene en el nuevo artículo 439 bis de la LEC.

AL JUZGADO DE PRIMERA INSTANCIA [NÚMERO] DE [LOCALIDAD]/SECCIÓN DE LO CIVIL DEL TRIBUNAL DE INSTANCIA DE [ESPECIFICAR] (1)

Don/Doña [NOMBRE_PROCURADOR_CLIENTE], procurador/a de los tribunales, en nombre y representación de **don/doña** [NOMBRE_CLIENTE], mayor de edad, con domicilio en [CALLE], n.º [NÚMERO], Código Postal [CÓDIGO_POSTAL], [LOCALIDAD], [PROVINCIA] y provisto de DNI [DNI], según se acredita por medio de apoderamiento apud acta que se acompaña como **documento n.º** [NÚMERO], quien actúa en su propio nombre y en nombre de la sociedad de gananciales que ostenta con **don/doña** [NOMBRE], con DNI [DNI], y bajo la dirección letrada de don/doña [NOMBRE_ABOGADO_CLIENTE], colegiado/a número [NÚMERO_COLEGIADO_ABOGADO_CLIENTE] del Ilustre Colegio de Abogados de [LOCALIDAD], ante el juzgado/la sección comparezco y, como mejor proceda en derecho,

DIGO

Siguiendo instrucciones de mi mandante, por medio del presente escrito vengo a formular **DEMANDA DE JUICIO VERBAL (2) EN EJERCICIO DE ACCIÓN INDIVIDUAL DE NULIDAD DE LAS CONDICIONES GENERALES DE LA CONTRATACIÓN** relativas a la imposición de los gastos de constitución de la hipoteca al prestatario, y de la imposición de una comisión de apertura, por abusividad y vulneración de la normativa y **RECLAMACIÓN DE CANTIDADES** indebidamente abonadas por la parte actora.

Se interpone la presente contra la entidad bancaria [NOMBRE_PARTE_CONTRARIA], con domicilio social en [DOMICILIO_SOCIAL] y provista de CIF [CIF].

Todo ello con base en fundamentos de derecho que se dirán y en los siguientes,

HECHOS

PRIMERO.- SOBRE LA ESCRITURA DE PRÉSTAMO CON GARANTÍA HIPOTECA-RIA Y SU FORMALIZACIÓN

Con [FECHA], mi mandante firmó con la entidad bancaria [NOMBRE_PARTE_CON-TRARIA], un préstamo hipotecario ([NÚMERO]), mediante escritura pública otorgada ante el/la notario/a, don/doña [NOMBRE_NOTARIO].

El préstamo hipotecario ascendió a la cantidad de [CANTIDAD] euros, con un plazo de amortización de [NÚMERO] años, de [FECHA] a [FECHA], con un tipo de interés variable.

En garantía de la devolución del préstamo concedido a mi mandante, fue constitui-da la hipoteca sobre la vivienda sita en [DOMICILIO] [LOCALIDAD].

Se acompaña como **documento n.º** [NÚMERO] copia de contrato de préstamo hi-potecario por ambas partes suscrito.

Mi representado/a acudió a la sucursal de la entidad demandada solicitando fi-nanciación y esta le concedió un préstamo hipotecario a su favor, bajo los términos y condiciones estrictamente impuestas por ella. Más allá de comunicar el principal que precisaban y el plazo en el que desearían devolver, mi mandante **no ha tenido posibi-lidad alguna de intervenir en la fijación del contenido de la escritura finalmente sus-crita**, toda vez que se ha negado toda opción de negociación por la parte demandada.

La entidad financiera es la interesada en la constitución de la hipoteca a su favor, para lo cual se exige necesariamente la elevación del contrato a escritura pública e inscripción de la carga en el registro de la propiedad tras liquidar el impuesto corres-pondiente como requisito previo a la inscripción; con ello, la entidad bancaria dispone de título ejecutivo suficiente.

Por el contrario, el contrato de préstamo **NO** requiere tales formalismos, bastando un simple documento privado que no implica coste alguno para las partes. Así, es por imposición e interés exclusivo de la demandada que se obliga a los prestatarios hipo-tecantes a incurrir en una serie de gastos cuya satisfacción, como se verá, le venían atribuidos a la entidad financiera.

En este sentido, **lo que ocasiona la intervención notarial y registral no es la conce-sión de un préstamo (que no exige constitución en escritura pública, ni tiene acceso al registro de la propiedad), sino la constitución de la garantía real hipotecaria.**

SEGUNDO.- SOBRE LAS CLÁUSULAS OBJETO DE NULIDAD

Sobre la **cláusula de gastos hipotecarios:**

Establece la cláusula [NÚMERO] titulada [ESPECIFICAR] de la citada escritura, lo que a continuación se expresa:

[ESPECIFICAR]

A través de esta cláusula se imponen a la parte actora (compradora, prestataria e hipotecante), los gastos y tributos derivados no solo de la adquisición del inmueble, sino también los que devienen de la constitución de la hipoteca a favor de la demandada.

La ambigüedad y falta de concreción de la estipulación, tan expansiva, permite im-poner a los clientes todos los posibles gastos y tributos sin distinguir quién resulta ser el solicitante y/o beneficiario, llegando incluso a omitir quién es el verdadero obligado al pago o sujeto pasivo de los mismos, conforme a la normativa vigente.

La entidad bancaria, pretende con ello de forma unilateral, atribuir al prestatario la obligación genérica e inconcreta de abonar cuantos gastos, comisiones, aranceles, impuestos y tributos derivasen de la preparación, formalización, vigencia y/o cancelación de la hipoteca constituida, en ocasiones en contra de las normas legales con previsiones contrarias al respecto.

Por ello, afirmamos que se trata de un mecanismo ideado por la demandada para, siempre que le resulte de su interés, obligar a sus clientes a hacerse cargo del coste que, de no existir dicha cláusula, habría de soportar la propia entidad financiera.

No hay lugar a dudas de que mi representado/a no habría aceptado la inclusión de la cláusula en el contrato, de haberse producido en el marco de una negociación individualizada y en igualdad de condiciones, pues el contenido de la misma agrava la situación de desigualdad frente a la entidad prestamista en un claro y grave detrimento de los derechos del prestatario.

Sobre la **cláusula sobre comisión de apertura**:

Establece la cláusula [NÚMERO] titulada [ESPECIFICAR] de la citada escritura, lo que a continuación se expresa:

[ESPECIFICAR]

Se trata, por tanto, de una cláusula predispuesta que no ha podido ser negociada entre las partes, y de la que mi mandante no ha sido debidamente informado, no constando acreditado en la escritura que la mentada comisión se corresponda con un servicio efectivamente prestado o con gastos reales en los que hubiera incurrido la entidad demandada con objeto de formalizar el préstamo hipotecario con el prestatario.

La comisión establecida en este caso, además, resulta desproporcionada, puesto que se fijó en un [ESPECIFICAR_PORCENTAJE] del importe total del préstamo, muy superior al coste medio de comisiones de apertura en España en el momento de celebración del contrato. **(3)**

TERCERO.- SOBRE LOS EFECTOS DE LA APLICACIÓN DE LA CLÁUSULA OBJETO DE ENJUICIAMIENTO

A la hora de analizar los perjuicios y efectos que ocasiona la aplicación de la cláusula, cabe destacar que provoca una completa incertidumbre sobre las obligaciones que asume mi mandante, al tiempo que les fuerza a costear todos los gastos derivados de la preparación y formalización de la hipoteca; por su parte la entidad financiera elude al pago de los costes cuyo abono le compete, en tanto que es ella quien obtiene un beneficio directo con la constitución de la garantía hipotecaria a su favor. En definitiva, existe un desequilibrio económico causado interesadamente por la ahora demandada.

El efecto inmediato de la cláusula es que mi mandante corrió con todos los gastos y tributos derivados de la formalización de la hipoteca, incluidos aquellos cuyo pago correspondía a la demandada. En concreto:

- Aranceles de **notario** por importe de [CANTIDAD] euros. Se adjunta la factura como **documento n.º** [NÚMERO].

- Aranceles de **registro** por importe de [CANTIDAD] euros. Se adjunta la factura como **documento n.º** [NÚMERO].

- Gastos de la **gestoría** de la entidad financiera, por importe de [CANTIDAD] euros, cuya factura se adjunta como **documento n.º** [NÚMERO].

- Gastos de la **tasación** por importe de [CANTIDAD] euros. Se adjunta la factura como **documento n.º** [NÚMERO].

Reiteramos que devienen todos ellos del préstamo con garantía hipotecaria a favor de la demandada, se excluyen por tanto todos los gastos y partidas derivados de otras operaciones tales como la compraventa, cuyo abono efectivamente compete a la parte actora.

Para la gestión de todos los trámites relacionados con el préstamo hipotecario, la demandada requirió la intervención de [NOMBRE_EMPRESA], S.A., encomendándole que llevase a cabo las acciones necesarias para la efectiva constitución de la hipoteca a su favor; así, la contraparte seleccionó y contactó con la gestoría, que realizó el encargo pertinente en su favor, pero sin embargo impuso a la actora la obligación de pagar los honorarios de estos profesionales, por un importe que les resultaba desconocido y, en todo caso, innegociable.

CUARTO.- EXPRESA RESERVA EN CUANTO A LA RECLAMACIÓN DEL IMPUESTO DE ACTOS JURÍDICOS DOCUMENTADOS

Si bien, y adoptando un criterio garantista, nos limitaremos a solicitar en este procedimiento la devolución de las facturas abonadas por mi representada en concepto de gestoría, aranceles notariales y registro de la propiedad derivados de la constitución del préstamo hipotecario, efectuando **EXPRESA RESERVA DE ACCIONES** para reclamar en otro procedimiento el importe abonado por mi representada en concepto de impuesto de actos jurídicos documentado si procediera en su día. Reserva expresa de acciones que esta parte no tiene más remedio que formular, ante una posible sentencia nueva dictada por el Tribunal de Justicia de la Unión Europea, y conforme al principio de tutela judicial efectiva de los jueces y tribunales, así como la normativa tuitiva que protege a los consumidores, esencialmente, la LDCU y la LCGC.

QUINTO.- SOBRE EL INTENTO DE ACUERDO EXTRAJUDICIAL (4)

Con el fin de evitar el presente procedimiento se envió reclamación extrajudicial al servicio de atención al cliente de la entidad demandada, cumpliendo así con el requisito marcado por el apartado 5 del art. 439 de la LEC, cuya copia se acompaña como **documento n.º** [NÚMERO].

Toda vez que la entidad bancaria no ha atendido al expresado requerimiento, no nos queda otro remedio que impetrar el auxilio judicial.

A los anteriores hechos, resultan de aplicación los siguientes,

FUNDAMENTOS DE DERECHO

PRIMERO.- JURISDICCIÓN

Corresponde conocer del proceso a los órganos jurisdiccionales ordinarios españoles, por cuanto se dilucida en el mismo una reclamación para cuyo enjuiciamiento y fallo son competentes los citados órganos, de conformidad con cuanto se dispone entre otros, en el apartado 3 del art. 117 de la Constitución Española; apartado 1 del artículo 21 de la Ley Orgánica 6/1985 de 1 de julio, del Poder Judicial; apartado 1 del artículo 36 de la Ley de Enjuiciamiento Civil y apartado 1 del artículo 4 de la Ley 38/1988, de 28 de diciembre, de Demarcación y Planta Judicial. **(1)**

SEGUNDO.- COMPETENCIA

Resulta competente el juzgado de primera instancia de [LOCALIDAD]/la sección civil del Tribunal de Instancia de [LOCALIDAD] que por turno corresponda, ante el que comparecemos por ser el correspondiente al domicilio de los demandantes, conforme a lo dispuesto en punto 14.º del apartado 1 del artículo 52 de la LEC y en el artículo 45 de la LEC en relación con el artículo 85 de la LOPJ **(5)**.

TERCERO.- CAPACIDAD Y LEGITIMACIÓN

Dispone de la capacidad necesaria para ser parte el actor, don/doña [NOMBRE_CLIENTE], de conformidad con lo establecido en el punto 1.º del apartado 1 del artículo

6 de la Ley de Enjuiciamiento Civil y la demandada atendiendo al ordinal 3.° del mismo precepto.

Asimismo, está legitimado activamente el actor y pasivamente la demandada, de conformidad con lo establecido en el artículo 10 de la Ley de Enjuiciamiento Civil, en concordancia con lo dispuesto en los **artículos 3 y 4 del Real Decreto Legislativo 1/2007, de 16 de noviembre por el que se aprueba el Texto Refundido de la Ley General para la Defensa de los Consumidores y Usuarios y otras normas complementarias** (TRLGDCU en lo sucesivo), y el apartado 1 del **artículo 9 de la Ley 7/1998, de 13 de abril, de Condiciones Generales de la Contratación** (LCGC en adelante).

CUARTO.- POSTULACIÓN Y REPRESENTACIÓN (6)

De conformidad con lo dispuesto en el artículo 7, apartado 1, de la LEC, en relación con el artículo 31, apartado 1, de la Ley de Enjuiciamiento Civil, el artículo 542, apartado 1, de la Ley Orgánica del Poder Judicial, y en el Real Decreto 135/2021, de 2 de marzo, por el que se aprueba el Estatuto General de la Abogacía Española, comparece el actor debidamente asistido de abogado en ejercicio.

Asimismo, comparece representado por procurador debidamente acreditado, de conformidad con lo dispuesto en el artículo 23, apartado 1, de la LEC, el artículo 543, apartado 1, de la Ley Orgánica del Poder Judicial, y en el artículo 3 del Real Decreto Legislativo 1281/2002, de 5 de diciembre por el que se aprueba el Estatuto General de los Procuradores de los Tribunales de España.

QUINTO.- PRESCRIPCIÓN

La acción ejercitada en la presente demanda se halla vigente de conformidad con el criterio establecido en el **auto del Tribunal Supremo n.° 235/2025, de 18 de noviembre, ECLI:ES:TS:2025:10758A**, en el que se señala que: «conforme a la jurisprudencia de esta sala, en consonancia con la del TJUE, el plazo de prescripción de la acción de restitución o recuperación de las cantidades abonadas indebidamente por aplicación de una cláusula abusiva en un contrato con consumidores no comienza hasta la firmeza de la sentencia que declara la nulidad de la cláusula que obligaba a tales pagos, salvo que el profesional pruebe que, en el marco de sus relaciones contractuales, ese concreto consumidor pudo conocer en una fecha anterior que esas estipulaciones eran abusivas [por todas, sentencia de Pleno 857/2024, de 14 de junio, subsiguiente a la STJUE de 25 de abril de 2024 (C-561/21)]».

SEXTO.- PROCEDIMIENTO Y CUANTÍA

De conformidad con lo dispuesto en el **artículo 250, apartado 1, ordinal 14.° de la Ley de Enjuiciamiento Civil**, corresponde tramitar este procedimiento por los cauces del JUICIO VERBAL, regulado en los **artículos 437** y siguientes del mismo cuerpo legal (2).

En cumplimiento de lo dispuesto en el artículo 253, apartado 1, de la LEC y de conformidad con lo prevenido en el artículo 253, apartado 3, de la LEC, la cuantía del procedimiento es **INDETERMINADA** toda vez que la acción que se ejercita se trata de una acción puramente **declarativa de nulidad de cláusulas abusivas que no puede cuantificarse, aunque su consecuencia sea la devolución de las cantidades indebidamente pagadas.** En este sentido se ha pronunciado, entre otras, la **Audiencia Provincial de Soria en su sentencia n.° 129/2021, de 17 de mayo, ECLI:ES:APSO:2021:179:**

> «(...) se solicitó la nulidad de la cláusula de gastos a cargo del prestatario, y esta acción debe considerarse de cuantía indeterminada, aunque su consecuencia sea la devolución de las cuantía abonadas indebidamente. Es decir la acción principal es la nulidad de dicha cláusula, que puede ejercitarse de manera independiente a la reclamación de cantidad.

En apoyo de esta conclusión, citaremos la Sentencia de la Audiencia Provincial de Ávila de 23 de septiembre de 2020 que analiza esta cuestión: "En relación a la cuantía del procedimiento, esta Audiencia Provincial ya se ha pronunciado sobre este extremo, entre otras muchas, stc de 12 de septiembre de 2.018, rollo de apelación 192/2.018, y auto de la misma fecha, rollo de apelación 168/2.018, que indican: 'no se puede desconocer que la determinación de la cuantía o valor del bien litigioso ha de reflejarse en la demanda y justificarse documentalmente (art. 264.3 LEC), toda vez que de su concreción puede depender la determinación del procedimiento aplicable (art. 249.2 y 250.2 LEC), o el cumplimiento de la suma de gravamen en la casación (arts. 477.2.2 y 255.1 LEC), determinación que, además, queda fijada definitivamente en la demanda (arts. 253.1.2.º de la citada Ley) si no es impugnada'"».

Tal y como se recoge en la **sentencia de la Audiencia Provincial de Almería n.º 113/2025, de 28 de enero, ECLI:ES:APAL:2025:117:**

«Se está ejercitando la nulidad de una condición general de la contratación, prevista en el artículo 8 de la Ley de Condiciones Generales de la Contratación, y artículos 82 y 83 del Real Decreto Legislativo 1/2007 por el que se aprueba el Texto Refundido de la Ley General para la Defensa de Consumidores y Usuarios. La cuantía debe ser considerada como indeterminada, pues nos encontramos ante una cuestión jurídica que no puede ser cuantificada de conformidad con el artículo 253.3 de la L.E.C.

De esta manera, no es correcto manifestar que nos encontramos ante dos acciones acumuladas, una de nulidad de una condición general de la contratación y otra de reclamación de cantidad, y así establecer la cuantía del procedimiento en la concreta cantidad reclamada, dado que la restitución de las cantidades abonadas de forma indebida (gastos de notaría, gestoría, registro y tasación), no es más que una mera consecuencia de la acción principal, que es la de nulidad radical. Y esta acción por razón de la materia; y de cuantía indeterminada, es la que determina el tipo de procedimiento a seguir (juicio ordinario); al menos hasta la reforma del articulo 250.1.14 de la LEC (con entrada en vigor el 20 de marzo de 2024).

El TJUE (Sentencia de 7 de abril de 2022) en aplicación del principio de efectividad, ha dispuesto que corresponde al juez y no al Letrado de la Administración de Justicia, determinar la verdadera cuantía del proceso, atendiendo al trabajo realmente desarrollado por el abogado , y a su coste objetivo, garantizando un reembolso de costas por un importe razonable y proporcionado, Y la cuestión debatida atendido la materia del proceso es de naturaleza compleja.

La acción que de manera principal se ejercita es una acción relativa a condiciones generales de contratación que determinaba la clase de procedimiento a seguir, con independencia de su petición accesoria. La fijación que se efectúa en la demanda, como de cuantía indeterminada, es plenamente conforme a derecho, con independencia del alcance y efectos que produce la nulidad si se estima la acción principal, lo que sería una consecuencia de la nulidad y no una acción propia o independiente de la acción principal. Consideramos que no nos encontramos en ningún supuesto de acciones acumuladas del artículo 252.2 LEC, con una acción principal de nulidad con su efecto de eliminación de la misma del contrato, y una restitutoria de la devolución de prestaciones derivada de la cláusula, sino ante el ejercicio de una acción de nulidad, con relación a la cual se solicita la restitución de las prestaciones, como consecuencia ex lege de dicha nulidad, y por así disponerlo el artículo 1.303 del Código Civil. (En igual sentido SAP Ávila 26 de septiembre de 2.018)».

SÉPTIMO.- FONDO DEL ASUNTO

I.- De la condición de consumidor y el principio *pro consumatore*:

De conformidad con el apartado 1 del **artículo 3 del Real Decreto Legislativo 1/2007, de 16 de noviembre por el que se aprueba el TRLGDCU:**

> «A efectos de esta ley, y sin perjuicio de lo dispuesto expresamente en sus libros tercero y cuarto, son consumidores o usuarios las personas físicas que actúen con un propósito ajeno a su actividad comercial, empresarial, oficio o profesión.
> Son también consumidores a efectos de esta norma las personas jurídicas y las entidades sin personalidad jurídica que actúen sin ánimo de lucro en un ámbito ajeno a una actividad comercial o empresarial».

De acuerdo con el **artículo 4 del mismo texto legal**: «A efectos de lo dispuesto en esta norma, se considera empresario a toda persona física o jurídica, ya sea privada o pública, que actúe directamente o a través de otra persona en su nombre o siguiendo sus instrucciones, con un propósito relacionado con su actividad comercial, empresarial, oficio o profesión».

En el presente caso, mi mandante, tal como se desprende de la escritura aportada como **documento n.º** [NÚMERO] con esta demanda, actuaba como consumidor, contratando un préstamo con garantía hipotecaria para [FINALIDAD_PRÉSTAMO] (Apartado [NÚMERO] de la Escritura de Préstamo).

Además, mis representados, no cuentan con ningún tipo especial de conocimiento financiero o bancario, siendo su profesión la de [PROFESIÓN].

Así lo ha establecido la **STS n.º 265/2015, de 22 de abril, ECLI:ES:TS:2015:1723**, en su fundamento de derecho 3.º, apartado 4.º cuando dijo:

> «Conforme al artículo 2.b de la Directiva 1993/13/CEE, ha de entenderse por consumidor toda persona física que, en los contratos regulados por la Directiva, actúe con un propósito ajeno a su actividad profesional. La Ley 26/1984, de 19 de julio, General para la Defensa de los Consumidores y Usuarios, consideró consumidores o usuarios a las personas físicas o jurídicas que adquieren, utilizan o disfrutan como destinatarios finales, bienes muebles o inmuebles, productos, servicios, actividades o funciones, cualquiera que sea la naturaleza pública o privada, individual o colectiva de quienes los producen, facilitan, suministran o expiden, excluyendo de tal consideración a quienes sin constituirse en destinatarios finales, adquieran, almacenen, utilicen o consuman bienes o servicios, con el fin de integrarlos en procesos de producción, transformación, comercialización o prestación a terceros (...).
> (...) Para que el contrato esté excluido del ámbito tuitivo de la normativa de protección de consumidores por razones subjetivas es necesario no solo que el adherente sea también profesional o empresario, sino que, siendo una persona física, conste que la celebración del contrato se realice en calidad de tal empresario o profesional, por destinar el objeto del contrato a su actividad comercial, empresarial o profesional, valga la redundancia».

También la **sentencia del Tribunal Supremo n.º 166/2022, de 1 de marzo, ECLI:ES:TS:2022:791**, que reza:

> «1.- La Ley de Consumidores de 1984 consideraba como tales a quienes actuaban como destinatarios finales de los productos o servicios, sin la finalidad de integrarlos en una actividad empresarial o profesional.

Posteriormente, el art. 3 TRLCU matizó tal concepto, al afirmar que "son consumidores o usuarios las personas físicas o jurídicas que actúan en un ámbito ajeno a una actividad empresarial o profesional".

2.- Ambas definiciones, que no son excluyentes puesto que giran alrededor del criterio negativo de la actividad profesional o empresarial (sentencias 232/2021, de 29 de abril, y 693/2021, de 11 de octubre), deben se interpretadas a la luz de la Directiva 93/13/CE, de 5 de abril, sobre cláusulas abusivas en contratos celebrados con consumidores, y su aplicación por el TJUE. Como hemos declarado en las sentencias 533/2019, de 10 de octubre, 12/2020, de 15 de enero, y 808/2021, de 23 de noviembre, los criterios de Derecho comunitario para calificar a una persona como consumidora han sido resumidos por la STJUE de 14 de febrero de 2019, C-630/17 (asunto Anica Milivojevic v. Raiffeisenbank St. Stefan-Jagerberg- Wolfsberg eGen), al decir:

"El concepto de "consumidor" [...] debe interpretarse de forma restrictiva, en relación con la posición de esta persona en un contrato determinado y con la naturaleza y la finalidad de este, y no con la situación subjetiva

de dicha persona, dado que una misma persona puede ser considerada consumidor respecto de ciertas operaciones y operador económico respecto de otras (véase, en este sentido, la sentencia de 25 de enero de

2018, Schrems, C-498/16 , EU:C:2018:37, apartado 29 y jurisprudencia citada).

"Por consiguiente, solo a los contratos celebrados fuera e independientemente de cualquier actividad o finalidad profesional, con el único objetivo de satisfacer las propias necesidades de consumo privado de un individuo, les es de aplicación el régimen específico establecido [...] para la protección del consumidor como parte considerada más débil, mientras que esta protección no se justifica en el caso de contratos cuyo objeto

consiste en una actividad profesional (sentencia de 25 de enero de 2018, Schrems, C-498/16 , EU:C:2018:37, apartado 30 y jurisprudencia citada).

"Esta protección particular tampoco se justifica en el caso de contratos cuyo objeto es una actividad profesional, aunque esta se prevea para un momento posterior, dado que el carácter futuro de una actividad no afecta en nada a su naturaleza profesional (sentencia de 3 de julio de 1997, Benincasa, C- 269/95, apartado 17)"».

Delimitada la condición de consumidor y empresario de los actores y la demandada, respectivamente, ha de interpretarse el contrato en clave de **CONSUMIDOR**, siendo de aplicación el **principio *pro consumatore*** consagrado en el apartado 1 del **artículo 51** y el apartado 3 del **artículo 53 de la CE**. Según se desprende de estos preceptos, este principio habrá de informar la legislación positiva, la práctica judicial y la actuación de los poderes públicos, vinculando en suma al legislador (STC n.º 71/1982, de 30 de noviembre, ECLI:ES:TC:1982:71), al juez y poderes públicos (STC n.º 19/1982, de 5 de mayo, ECLI:ES:TC:1982:19, y STC n.º 14/1992, de 10 de febrero, ECLI:ES:TC:1992:14).

II.- Del contrato de adhesión y de las condiciones generales de la contratación

Resulta habitual, sobre todo en sectores como el bancario, la imposición de un sistema de contratación por el empresario con un clausulado general que el consumidor debe aceptar sin posibilidad de negociación.

En el ámbito de la contratación en «masa», el factor psicológico de la declaración de voluntad pierde valor. Por esta razón, el empresario al fijar unilateralmente las reglas de contratación no solo ha de atender a su legítimo provecho, sino a procurar un trato leal y equitativo con el consumidor, que en muy pocos casos reparará incluso en la lectura detallada del documento ante las nulas posibilidades de modificación.

El documento contractual acompañado a la demanda ha de reputarse con toda nitidez como contrato de adhesión impuesto por la predisponente demandada frente a la usuaria adherente. En efecto, dispone el **artículo 1.1 de la Ley 7/1998, de 13 de abril, sobre Condiciones Generales de la Contratación** (LCGC) que «Son condiciones generales de la contratación las cláusulas predispuestas cuya incorporación al contrato sea impuesta por una de las partes, con independencia de la autoría material de las mismas, de su apariencia externa, de su extensión y de cualesquiera otras circunstancias, habiendo sido redactadas con la finalidad de ser incorporadas a una pluralidad de contratos».

El carácter como condiciones generales de la contratación de las cláusulas que imponen al consumidor todos los gastos que conlleva la constitución de la hipoteca ha sido ampliamente reconocido por nuestra jurisprudencia, en sentencias que, por su inmensidad, ni siquiera vamos a mencionar, configurándose —el carácter de condición general de la contratación— como un auténtico hecho notorio.

En el campo de la contratación con consumidores la carga de la prueba del carácter negociado de las cláusulas corresponde a la entidad demandada, según se desprende de lo establecido en la **STS n.º 265/2015, de 22 de abril, ECLI:ES:TS:2015:1723**, que en su fundamento de derecho 3.º, apartado 3 determina:

«Es un hecho notorio que en determinados sectores de la contratación con los consumidores, en especial los bienes y servicios de uso común a que hace referencia el artículo 9 TRLCU, entre los que se encuentran los servicios bancarios, los profesionales o empresarios utilizan contratos integrados por condiciones generales de la contratación. De ahí que tanto la Directiva (artículo 3.2) como la norma nacional que la desarrolla (artículo 82.2 del Texto Refundido de la Ley General para la Defensa de los Consumidores y Usuarios) prevean que el profesional o empresario que afirme que una determinada cláusula ha sido negociada individualmente, asumirá la carga de la prueba de esa negociación. Así lo recuerda la STJUE de 16 de enero de 2014, asunto C-226/12, caso Constructora Principado, en su párrafo 19.

Para que se considere que las cláusulas de los contratos celebrados con los consumidores en estos sectores de la contratación no tienen el carácter de condiciones generales, o de cláusulas no negociadas, y se excluya el control de abusividad, no basta con incluir en el contrato predispuesto un epígrafe de "condiciones particulares" o menciones estereotipadas y predispuestas que afirmen su carácter negociado ni con afirmar sin más en el litigio que la cláusula fue negociada individualmente. Para que la cláusula quede excluida del control de abusividad es preciso que el profesional o empresario explique y justifique las razones excepcionales que le llevaron a negociarla individualmente con ese concreto consumidor, en contra de lo que, de modo notorio, es habitual en estos sectores de la contratación y acorde a la lógica de la contratación en masa, y que se pruebe cumplidamente la existencia de tal negociación y las contrapartidas que ese concreto consumidor obtuvo por la inserción de cláusulas que favorecen la posición del profesional o empresario. Si tales circunstancias no son expuestas y probadas adecuadamente, la alegación de que ha existido negociación es solo una fórmula retórica carente de contenido real, y supone identificar contratación voluntaria y prestación de consentimiento libre en documento intervenido notarialmente con negociación contractual. Tal ecuación no es correcta.

En definitiva, el sector bancario se caracteriza porque la contratación con consumidores se realiza mediante cláusulas predispuestas e impuestas por la entidad bancaria, y por tanto, no negociadas individualmente con el consumidor, lo que determina la procedencia del control de abusividad previsto en la Directiva 1993/13/CEE y en el Texto Refundido de la Ley General para la Defensa de los Consumidores y Usuarios, salvo que se pruebe el supuesto excepcional de que el contrato ha sido negociado y el consumidor ha obtenido contrapartidas apreciables a la inserción de cláusulas beneficiosas para el predisponente».

III.- Del carácter abusivo del clausulado contractual predispuesto

Se considerarán cláusulas abusivas, según lo dispuesto en el apartado 1 del artículo 82 del TRLGDCU, «(...) todas aquellas estipulaciones no negociadas individualmente y todas aquellas prácticas no consentidas expresamente que, en contra de las exigencias de la buena fe causen, en perjuicio del consumidor y usuario, un desequilibrio importante de los derechos y obligaciones de las partes que se deriven del contrato».

Asimismo, según lo establecido en el **artículo 8, apartado 2, de la Ley 7/1998, sobre Condiciones Generales de la Contratación,** «En particular serán nulas las condiciones generales que sean abusivas, cuando el contrato se haya celebrado con un consumidor, entendiendo por tales en todo caso las definidas en el artículo 10 bis y disposición adicional primera de la Ley 26/1984, de 19 de julio, General para la Defensa de los Consumidores y Usuarios» **(3)**.

Para la ponderación de la abusividad de la estipulación o estipulaciones, a su vez habrá de tenerse en cuenta según reza el artículo 82.3 TRLGDCU la naturaleza del bien o servicio objeto de contrato. Y en este sentido, ha de tenerse presente, como se ha expuesto, que los servicios bancarios y financieros, son calificados como servicios de uso o consumo común, ordinario y generalizado, conforme a lo dispuesto por el Anexo I, letra C, ap. 13 del Real Decreto 1507/2000, de 1 de septiembre, lo que se traduce en el imperativo de una aplicación reforzada de los principios pro consumidor que afectan a este servicio. No necesitando al respecto, prueba al respecto, por ser un hecho notorio.

De la exégesis del contrato suscrito se colige, como se argumentará seguidamente, la existencia de un flagrante desequilibrio contractual en beneficio de la demandada predisponente, que por más que sea por desgracia una tónica extendida en el mercado financiero, no puede ser tolerado en derecho.

Finalmente, ha de recordarse, que tal y como dispone el **artículo 1288 del CC:** «La interpretación de las cláusulas oscuras de un contrato no deberá favorecer a la parte que hubiese ocasionado la oscuridad», así como según dispone el **artículo 1256 del CC:** «La validez y el cumplimiento de los contratos no puede dejarse al arbitrio de uno de los contratantes».

Es de aplicación el **artículo 8 de la Ley 7/1998 de 13 de abril sobre Condiciones Generales de la Contratación.**

Resulta de aplicación el texto refundido de la **Ley General Para la Defensa de los Consumidores y Usuarios,** en sus artículos 82, 89 y concordantes.

El **artículo 89 de esta Ley** califica como cláusulas abusivas, en todo caso, «(...) la transmisión al consumidor y usuario de las consecuencias económicas de errores administrativos o de gestión que no le sean imputables» (número 2.°), y «(...) la imposición al consumidor de los gastos de documentación y tramitación que por ley corresponda al empresario» (número 3.°).

El propio artículo atribuye la consideración de abusivas, cuando se trate de compraventa de viviendas, a la estipulación de que el consumidor ha de cargar con los gastos derivados de la preparación de la titulación que por su naturaleza correspondan al empresario y la estipulación que imponga al consumidor el pago de tributos en los que el sujeto pasivo es el empresario.

Resulta de aplicación la **Directiva 93/13/CEE del Consejo, de 5 de abril de 1993, sobre las cláusulas abusivas en los contratos celebrados con consumidores.**

IV.- De los efectos de la cláusula litigiosa que imputa el pago de los gastos de formalización al consumidor y la comisión de apertura

La Sala de lo Civil del Tribunal Supremo, reunida en pleno, ha dictado varias sentencias fijando doctrina sobre algunas cuestiones relativas a cláusulas abusivas en contratos con consumidores, disipando toda duda sobre la asignación de estos gastos y sobre el deber de la entidad demandada a reintegrar las cantidades que se solicitan. Estamos hablando de las **sentencias n.º 44, 46, 47, 48 y 49/2019, de 23 de enero.** La Sala se pronuncia sobre **los EFECTOS** de la declaración de nulidad de la cláusula que atribuye el pago de todos los gastos e impuestos (que fue declarada nula en la STS n.º 705/2015, de 23 de diciembre, ECLI:ES:TS:2015:5618), y determina lo siguiente:

1.º Son pagos que se hacen a terceros, no al prestamista.

Se tratan de honorarios que se pagan por la intervención profesional a la hora de realizar un préstamo hipotecario, y que, por lo tanto, la declaración de abusividad de los mismos, no puede conllevar que estos terceros (notarios, gestores, registradores) dejen de percibir lo que por ley les corresponde.

2.º El pago de esas cantidades debe correr a cargo de la parte a la que correspondiera según la normativa vigente en el momento de la firma del contrato. En este sentido:

A- Arancel notarial

La intervención notarial interesa a ambas partes, por lo que los costes de la matriz de la escritura de préstamo hipotecario deben distribuirse por mitad. Esta misma solución procede respecto de la escritura de modificación del préstamo hipotecario, puesto que ambas partes están interesadas en la modificación o novación.

En cuanto a la escritura de cancelación de la hipoteca, el interesado en la liberación del gravamen es el prestatario, por lo que le corresponde este gasto; y las copias de las distintas escrituras notariales relacionadas con el préstamo hipotecario deberá abonarlas quien las solicite, en tanto que la solicitud determina su interés.

B- Arancel registral

La garantía hipotecaria se inscribe a favor del banco prestamista, por lo que es a este al que corresponde el pago de los gastos que ocasione la inscripción de la hipoteca.

En cambio, la inscripción de la escritura de cancelación interesa al prestatario, por lo que a él le corresponde este gasto.

C- Gastos de gestoría

También se impone el pago de los mismos por parte del banco a raíz de la **STS n.º 555/2020, de 26 de octubre, ECLI:ES:TS:2020:3453,** en la que se condena a un banco a sufragar los gastos de gestoría derivados de la escritura de un préstamo hipotecario:

> «Respecto de los gastos de gestoría por la tramitación de la escritura ante el Registro de la Propiedad y la oficina liquidadora del impuesto, en la sentencia 49/2019, de 23 de enero, entendimos que como «cuando se haya recurrido a los servicios de un gestor, las gestiones se realizan en interés o beneficio de ambas partes, el gasto generado por este concepto deberá ser sufragado por mitad».
>
> Este criterio no se acomoda bien a doctrina contenida en la STJUE de 16 de julio de 2020, porque con anterioridad a la Ley 5/2019, de 15 de marzo, de

Contratos de Crédito Inmobiliario, no existía ninguna previsión normativa sobre cómo debían abonarse esos gastos de gestoría. En esa situación, ante la falta de una norma nacional aplicable en defecto de pacto que impusiera al prestatario el pago de la totalidad o de una parte de esos gastos, no cabía negar al consumidor la devolución de las cantidades abonadas en virtud de la cláusula que se ha declarado abusiva. Razón por la cual, estimamos también en este extremo el recurso de casación».

Resulta interesante traer a colación la **STJUE n.º C-224/19 de 16 de julio de 2020, ECLI:EU:C:2020:578,** que establece que los **gastos de constitución y cancelación de la hipoteca, cuyo pago se ha impuesto al consumidor a través de una cláusula abusiva que es declarada nula, han de ser devueltos en su totalidad al consumidor:**

«1) El artículo 6, apartado 1, y el artículo 7, apartado 1, de la Directiva 93/13/CEE del Consejo, de 5 de abril de 1993, sobre las cláusulas abusivas en los contratos celebrados con consumidores, deben interpretarse en el sentido de que se oponen a que, en caso de nulidad de una cláusula contractual abusiva que impone al consumidor el pago de la totalidad de los gastos de constitución y cancelación de hipoteca, el juez nacional niegue al consumidor la devolución de las cantidades abonadas en virtud de esta cláusula, salvo que las disposiciones de Derecho nacional aplicables en defecto de tal cláusula impongan al consumidor el pago de la totalidad o de una parte de esos gastos».

D- Gastos de tasación

Los gastos de tasación constituyen el coste que ha supuesto la tasación de la finca sobre la que se pretende constituir la garantía hipotecaria.

La tasación del bien inmueble no es propiamente un requisito de validez de la hipoteca, pero sí lo es para la ejecución directa del bien, de acuerdo con el **artículo 682.2.1.º de la LEC (4):**

«2. Cuando se persigan bienes hipotecados, las disposiciones del presente capítulo se aplicarán siempre que, además de lo dispuesto en el apartado anterior, se cumplan los requisitos siguientes:
1.º Que en la escritura de constitución de la hipoteca se determine el precio en que los interesados tasan la finca o bien hipotecado, para que sirva de tipo en la subasta, que no podrá ser inferior, en ningún caso, al 75 por cien del valor señalado en la tasación que, en su caso, se hubiere realizado en virtud de lo previsto en el artículo 18 del Real Decreto-ley 24/2021, de 2 de noviembre, de transposición de directivas de la Unión Europea en las materias de bonos garantizados, distribución transfronteriza de organismos de inversión colectiva, datos abiertos y reutilización de la información del sector público, ejercicio de derechos de autor y derechos afines aplicables a determinadas transmisiones en línea y a las retransmisiones de programas de radio y televisión, exenciones temporales a determinadas importaciones y suministros, de personas consumidoras y para la promoción de vehículos de transporte por carretera limpios y energéticamente eficientes».

Sobre los gastos de tasación se ha pronunciado el **Tribunal Supremo en su sentencia n.º 35/2021, de 27 de enero, ECLI:ES:TS:2021:61,** en la que establece que, ante la falta de una norma nacional aplicable el defecto de pacto que impusiera al prestatario el pago de la totalidad de una parte de los gastos de tasación, no cabe negar al consumidor la devolución de las cantidades abonadas en virtud de una cláusula declarada nula.

«Los denominados gastos de tasación son el coste de la tasación de la finca sobre la que se pretende constituir la garantía hipotecaria. Aunque la tasación no constituye, propiamente, un requisito de validez de la hipoteca, el artículo 682.2.1.º LEC requiere para la ejecución judicial directa de la hipoteca, entre otros requisitos:

"Que en la escritura de constitución de la hipoteca se determine el precio en que los interesados tasan la finca o bien hipotecado, para que sirva de tipo en la subasta, que no podrá ser inferior, en ningún caso, al 75 por cien del valor señalado en la tasación que, en su caso, se hubiere realizado en virtud de lo previsto en la Ley 2/1981, de 25 de marzo, de Regulación del Mercado Hipotecario".

La exigencia de la tasación de la finca de conformidad con la Ley de Mercado Hipotecario y su constancia mediante la correspondiente certificación es, además, un requisito previo para la emisión de valores garantizados. Así se desprende del artículo 7 de la Ley, cuyo apartado 1 dispone lo siguiente:

"Para que un crédito hipotecario pueda ser movilizado mediante la emisión de los títulos regulados en esta Ley, los bienes hipotecados deberán haber sido tasados por los servicios de tasación de las Entidades a que se refiere el artículo segundo, o bien por otros servicios de tasación que cumplan los requisitos que reglamentariamente se establecerán".

El apartado 2 de este artículo 7, encomienda al Ministerio de Economía y Comercio, "las normas generales sobre tasación de los bienes hipotecables, a que habrán de atenerse tanto los servicios de las Entidades prestamistas como las Entidades especializadas que para este objeto puedan crearse".

Ni el RD 775/1997, de 30 de mayo, sobre régimen jurídico de homologación de los servicios y sociedades de tasación, ni la Orden ECO/805/2003, de 27 de marzo, sobre normas de valoración de bienes inmuebles, contienen disposición normativa alguna sobre quién debe hacerse cargo del coste de la tasación.

De ahí que, de acuerdo con la STJUE de 16 de julio de 2020, ante la falta de una norma nacional aplicable en defecto de pacto que impusiera al prestatario el pago de la totalidad o de una parte de esos gastos, no cabía negar al consumidor la devolución de las cantidades abonadas en virtud de la cláusula que se ha declarado abusiva». **(7)**

E- Comisión de apertura

Asimismo, al respecto de la **comisión de apertura**, establece el **TJUE en la sentencia de 16 de julio de 2020, en los asuntos acumulados C-224/19 y C-259/19, ECLI:EU:C:2020:578**, que si esta no responde al pago de servicios efectivamente prestados y gastos en los que haya incurrido la entidad financiera, su pago por parte del consumidor resultará contrario a la buena fe.

«2) El artículo 3, el artículo 4, apartado 2, y el artículo 5 de la Directiva 93/13 deben interpretarse en el sentido de que las cláusulas contractuales incluidas en el concepto de «objeto principal del contrato» deben entenderse como las que regulan las prestaciones esenciales de ese contrato y que, como tales, lo caracterizan. En cambio, las cláusulas de carácter accesorio respecto de las que definen la esencia misma de la relación contractual no están incluidas en dicho concepto. El hecho de que una comisión de apertura esté incluida en el coste total de un préstamo hipotecario no implica que sea una prestación esencial de este. En cualquier caso, un órgano jurisdiccional de un Estado miembro está obligado a controlar el carácter claro y comprensible de una cláusula contractual referida al objeto principal del contrato, con independencia de si el artículo 4, apartado 2, de esta Directiva ha sido transpuesto al ordenamiento jurídico de ese Estado.

3) El artículo 3, apartado 1, de la Directiva 93/13 debe interpretarse en el sentido de que una cláusula de un contrato de préstamo celebrado entre un consumidor y una entidad financiera que impone al consumidor el pago de una comisión de apertura puede causar en detrimento del consumidor, contrariamente a las exigencias de la buena fe, un desequilibrio importante entre los derechos y obligaciones de las partes que se derivan del contrato, cuando la entidad financiera no demuestre que esta comisión responde a servicios efectivamente prestados y gastos en los que haya incurrido, extremo cuya comprobación incumbe al órgano jurisdiccional remitente».

Así, el TJUE, a través de su **sentencia n.º C-565/21, de 16 de marzo de 2023**, ECLI:EU:C:2023:212:

«60 Procede puntualizar asimismo que sería contraria al artículo 3, apartado 1, de la Directiva 93/13 una jurisprudencia nacional de la que se desprendiera que no cabe en ningún caso considerar abusiva una cláusula que establezca una comisión de apertura por el mero hecho de que tenga por objeto servicios inherentes a la actividad de la entidad prestamista ocasionada por la concesión del préstamo y previstos en la normativa nacional. En efecto, esa jurisprudencia limitaría la facultad de los tribunales nacionales de llevar a cabo, de oficio en su caso, el examen, de acuerdo con esa disposición, de la potencial abusividad de las cláusulas en cuestión y, por consiguiente, no garantizaría un efecto pleno de los preceptos establecidos por la Directiva.

61 Habida cuenta de los motivos anteriores, el artículo 3, apartado 1, de la Directiva 93/13 debe interpretarse en el sentido de que no se opone a una jurisprudencia nacional que considera que una cláusula contractual que, de acuerdo con la normativa nacional pertinente, estipula el pago por el prestatario de una comisión de apertura, cuyo destino es remunerar los servicios relacionados con el estudio, el diseño y la tramitación singularizada de una solicitud de préstamo o crédito hipotecario, puede, en su caso, no causar, en detrimento del consumidor, un desequilibrio importante entre los derechos y las obligaciones de las partes que derivan del contrato, con la condición de que la posible existencia de dicho desequilibrio sea objeto de un control efectivo por el juez competente de conformidad con los criterios emanados de la jurisprudencia del Tribunal de Justicia».

El **Tribunal Supremo en su sentencia n.º 816/2023, de 29 de mayo**, ECLI:ES:TS:2023:2131, establece que la validez o invalidez de la cláusula que establece la comisión de apertura debe ser examinada de manera individualizada en cada caso.

Las **SSTS n.º 964/2025, ECLI:ES:TS:2025:2618**, y **n.º 965/2025**, ECLI:ES:TS:2025:2619, ambas de 17 de junio de 2025 también abordan el tema de la comisión de apertura fijando distintos aspectos a valorar:

Con relación al control de transparencia, deberá examinarse:

- El cumplimiento de la normativa bancaria vigente en la fecha del contrato (en estos casos, la Orden de 5 de mayo de 1994 sobre transparencia de las condiciones financieras de los préstamos hipotecarios, especialmente lo señalado en el apartado 4.1 de su anexo II).

- Que no existan solapamientos de comisiones por el mismo concepto, es decir, que no se cobren varias cantidades por el estudio y concesión del préstamo.

- Que la cláusula figure claramente en la escritura, redactada en términos claros y comprensibles, especificando el pago único inicial y permitiendo identificar fácilmente el coste económico.

- Que los consumidores hubieran conocido con carácter previo a la firma del contrato la existencia y cuantía de la comisión de apertura, mediante la información precontractual proporcionada.

Y con relación al control de abusividad, se prestará especial atención a:

- La fijación del coste de la comisión como porcentaje del capital prestado, lo que, por sí solo, no implica desequilibrio relevante; debe ser el juez quien valore la buena fe y la proporcionalidad de la cláusula.

- Para apreciar la proporcionalidad del importe, sin adoptar un control directo sobre los precios, se debe acudir a las estadísticas del coste medio de comisiones de apertura en España en el momento de constituirse el préstamo.

Por su parte, la **STS n.º 1621/2025, de 12 de noviembre, ECLI:ES:TS:2025:4955**, reitera su doctrina, y recuerda que, a efectos de valorar una posible abusividad:

- Respecto de la **buena fe**: debe comprobarse que el prestamista tratando de manera leal y equitativa con el consumidor, podía esperar razonablemente que este aceptaría una cláusula de ese tipo en el marco de una negociación individual.

- Respecto del **desequilibrio importante**: no cabe afirmar que una cláusula que establezca una comisión de apertura en un préstamo o crédito hipotecario no respete en todo caso el equilibrio entre los derechos y las obligaciones de las partes que derivan del contrato, sino que habrá que valorar que el coste no sea desproporcionado en relación con el importe del préstamo o que los servicios que se retribuyen con esta comisión no están ya incluidos en otros conceptos cobrados al consumidor. Y en este sentido añade:

    «Respecto de la proporcionalidad del importe, con todas las cautelas que supone el tener que examinar este requisito sin incurrir en un control de precios, consideramos, en las sentencias 816/2023, de 29 de mayo, 964/25 y 965/25, de 17 de junio, que una cláusula que suponía un porcentaje del capital entre el 0,25% y 1,50%, coste medio de comisiones de apertura en España accesibles en internet, no era desproporcionada, y no siendo este el caso, al suponer la comisión que nos ocupa, el 2,17 % del capital prestado, debemos establecer que no respeta el equilibrio entre los derechos y las obligaciones de las partes que derivan del contrato, siendo desproporcionada en relación con el importe del préstamo, y por tal razón, ha de apreciarse su carácter abusivo y mantener su nulidad».

También conviene recordar aquí la **STS n.º 1625/2025, de 12 de noviembre, ECLI:ES:TS:2025:5086**, que declara abusiva una comisión de apertura por no recoger en la propia cláusula el importe de la misma (la cláusula recogía el porcentaje pero no el importe sobre el que se aplica), y reitera los requisitos que debe reunir la comisión de apertura para superar el control de transparencia:

- La comisión debe comprender todos («cualesquiera») los gastos de estudio, concesión o tramitación del préstamo hipotecario, u otros similares inherentes a la actividad de la entidad prestamista ocasionada por la concesión del préstamo.

- Debe integrarse obligatoriamente en una única comisión, que tiene que denominarse necesariamente «comisión de apertura».

- Se devengará de una sola vez.

- Su importe y su forma y fecha de liquidación deben estar especificados en la propia cláusula.

Son numerosas las audiencias que han considerado que dicha cláusula debe reputarse como abusiva, y así podemos citar la **sentencia de la Audiencia Provincial de Huelva n.º 153/2023, de 1 de marzo, ECLI:ES:APH:2023:1:**

> «(...) La entidad ha de disponer de toda clase de medios materiales y personales para desarrollar su objeto social o empresarial, el que le es propio, y no se entiende qué razón podría haber para no entender entonces - de aceptarse esa versión de la causa de la citada comisión- que cualquier prestación de servicios o cualquier entrega de bienes en el mercado no debiera generar siempre y en todo caso una comisión añadida o un cargo suplementario en beneficio del empresario y satisfecho por el consumidor, simplemente porque el vendedor o prestador de servicios asume los gastos propios de su empresa. Tales gastos generales no constituyen un servicio específico dado al consumidor sino los habituales e inamovibles, fijos, propios de la mera existencia del negocio o del establecimiento abierto al público, y se dan haya o no préstamo finalmente concertado. Su relación concreta y específica con el crédito concedido no existe, y el mismo alegato sirve precisamente para entender que la comisión impuesta con la cláusula y el gasto de que se trata carece de toda base».

También la **sentencia de la Audiencia Provincial de Santander n.º 680/2025, de 29 de octubre, ECLI:ES:APS:2025:1939,** considera abusiva la comisión de apertura basándose en que:

> «(...)después de analizar la normativa que ha venido regulando las comisiones bancarias y la comisión de apertura, teniendo en cuenta también el régimen legal contenido en la ley 5/2019, el análisis de dicha cláusula debe tener en cuenta los siguientes aspectos:
> 1ª La comisión de apertura no forma parte del objeto principal del contrato, según se ha puesto de relieve por la sentencia del Tribunal de Justicia de la Unión Europea anteriormente recogida.
> 2ª El juez deberá proceder a un examen individualizado del contrato para comprobar si se cumplen los requisitos exigidos por el mencionado Tribunal.
> 3ª La comisión debe comprender todos los gastos de estudio, concesión o tramitación del préstamo hipotecario u otros similares inherentes a la actividad de la entidad prestamista ocasionada por la concesión del préstamo. No es necesario que se detallen los mismos, ni que se acredite que se han llevado a cabo dichas actuaciones, que el Tribunal Supremo considera ínsitas en la propia concesión del crédito. Se deben integrar en una única comisión que se denomine necesariamente comisión de apertura. Dicha comisión se devengará por una sola vez y su importe y forma y fecha de liquidación deben estar especificados en la propia cláusula.
> 4ª Se debe comprobar también que no hay un solapamiento de comisiones por el mismo concepto.
> 5ª Para que el consumidor pueda entender la naturaleza de los servicios prestados en contrapartida a la comisión de apertura la cláusula debe figurar claramente en la escritura pública, individualizada en relación con otros pactos y condiciones y sus términos estarán resaltados y quedar claro que consiste en un pago único e inicial.
> 6ª Habrá que valorar que el coste no sea desproporcionado en relación con el importe del préstamo. A este efecto el Tribunal Supremo considera que, según las estadísticas del coste medio de comisiones de apertura en España, accesible en internet, dicho coste oscila entre el 0,25% y el 1,50%».

A la vista de lo expuesto, ha existido, por tanto, una imposición al consumidor de la comisión de apertura y de la totalidad de los gastos, sin discriminación alguna ni negociación individual, prueba esta que compete al empresario (artículo 82, apartado 2, del TRLGCU). La consecuencia no puede ser sino que dicha estipulación ha de considerarse abusiva, y por tanto nula, ya que ha causado un desequilibrio en el consumidor, tal y como se afirmó en la citada sentencia del TS de 23 de diciembre de 2015 y, por ello y conforme al artículo 1303 del CC, **debe de reintegrársele el abono de todos los gastos derivados del préstamo hipotecario junto con el dinero pagado en concepto de comisión de apertura.**

Estas facturas repercutidas abusivamente a mi representada suman un total de [CANTIDAD] € ([CANTIDAD] EUROS) y deberán ser reintegrados a don/ doña [NOMBRE], más los intereses legales desde la fecha en la que fueron, incorrectamente, abonados, junto con la comisión de apertura.

OCTAVO.- COSTAS

Conforme a lo dispuesto en el **artículo 394 de la LEC (8)**, en los procesos declarativos se impondrán las costas a la parte que haya visto rechazadas todas sus pretensiones, y las peticiones de la demanda hayan sido estimadas, aunque sea SUSTANCIALMENTE.

En todo caso, la entidad demanda, ha sido requerida conforme establece el artículo 439.5 de la LEC, sin que haya dado satisfacción a las pretensiones de la actora, buscando excusas y argumentos carentes de sentido y siguiendo abusando en su posición dominante de empresario, exigiéndole la aportación de documentos que ellos mismos tienen en su poder y con argumentos legales que ya han sido suficientemente superados en cuanto a la nulidad de dichas cláusulas. Por ese motivo, y aunque se allanase íntegramente a esta demanda, DEBERÁ SER CONDENADA EN COSTAS.

Si la estimación de la demanda fuere parcial solicitamos, igualmente, la condena en costas a la entidad demandada por haber actuado con temeridad, no solo al otorgar el préstamo hipotecario con las condiciones y cláusulas cuya nulidad se interesa, sino también posteriormente no contestando a la reclamación extrajudicial efectuada por esta parte, ni ofreciendo a la ahora actora ninguna otra posibilidad de eliminar o modificar algunas de las cláusulas cuya nulidad es evidente, reintegrando lo cobrado indebidamente.

Teniendo presente lo dispuesto por el TJUE al respecto de **quién debe abonar las costas procesales: que el consumidor no ha de soportar aquella parte de las mismas proporcionalmente a las cantidades que se califiquen como indebidamente pagadas por la nulidad de la cláusula abusiva.**

Resulta relevante en este punto la **STS n.º 1172/2025, de 17 de julio, ECLI:ES:TS:2025:3577**, en la que se afirma:

> «Es pacífica y extensa la jurisprudencia de esta Sala que, desde la sentencia nº 35/2021, de 27 de enero, declara que, estimada la acción de nulidad por abusiva de la cláusula de gastos, aunque no se estimen la totalidad de todas las cláusulas impugnadas en los términos inicialmente establecidos en la demanda, o la totalidad de las pretensiones restitutorias, procede la imposición de las costas de la primera instancia al banco demandado, conforme con la sentencia del TJUE de 16 de julio de 2020, C-224/19 y C-259/19, CaixaBank y BBVA».

NOVENO.- *IURA NOVIT CURIA*

Y en todo lo no invocado resulta de aplicación el principio iura novit curia plasmados en el artículo 218 de la LEC.

En virtud de todo lo expuesto,

SUPLICO AL JUZGADO/A LA SECCIÓN:

Que teniendo por presentado este escrito con los documentos y copias que se acompañan, se sirva admitirlo y, en mérito del mismo, de conformidad con las manifestaciones que contiene, se tenga por interpuesta **DEMANDA DE JUICIO VERBAL DE ACCIÓN INDIVIDUAL DE NULIDAD DE CONDICIONES GENERALES DE LA CONTRATACIÓN**, contra la entidad demandada [NOMBRE_EMPRESA], S.A., se me tenga por parte demandante en la representación acreditada, mandando se entiendan conmigo las sucesivas diligencias y previo cumplimiento de los trámites procesales de rigor, incluso el recibimiento del pleito a prueba que ya dejo interesado para su momento procesal oportuno, se dicte sentencia por la que:

1.- Se declare nula por abusiva y falta de transparencia la cláusula [NÚMERO] por ser la **CLÁUSULA QUE IMPONE A MI REPRESENTADA TODOS LOS GASTOS, HONORARIOS E IMPUESTOS QUE SE ORIGEN O DERIVEN DE ESTA ESCRITURA**, indicada **ESCRITURA DE PRÉSTAMO HIPOTECARIO** suscrita entre el demandante y demandado en fecha [FECHA], condenando a la demandada a su total eliminación del contrato.

2.- Se declare nula por abusiva y falta de transparencia la cláusula [NÚMERO] que impone a mi mandante el **pago de una comisión de apertura** en la mentada escritura.

3.- Se condene, a la demandada a estar y pasar por dicha declaración y por tanto a eliminar dichas cláusulas del referido contrato.

4.- Como efecto derivado de la nulidad de dichas cláusulas, y conforme a lo dispuesto en el artículo 1303 del Código Civil, se condene a la demandada a devolver a la actora las cantidades en su caso abonadas de más en aplicación de dichas cláusulas, que ya hemos indicado y alcanzan la suma de [CANTIDAD] € ([CANTIDAD EUROS).

5.- Todo ello con los intereses legales desde que estas cantidades fueron abonadas indebidamente por mi representada (artículos 1303, 1108 y 1109 del Código Civil), y más los intereses procesales del artículo 576 de la LEC desde la resolución que se dicte,

6.- Se condene expresamente, y en todo caso, a la demandada al pago de las **COSTAS JUDICIALES** que se causen en el presente procedimiento, por ser de preceptiva imposición caso de estimación de la demanda, aunque sea de forma sustancial y no total.

Por ser todo ello de hacer en justicia que pido en la ciudad de [CIUDAD], a [FECHA].

[FIRMAS]

OTROSÍ DIGO: al amparo de lo preceptuado en el artículo 231 de la LEC, esta parte manifiesta su voluntad de cumplir estrictamente los requisitos exigidos por la Ley a efectos de subsanar los defectos en los que pueda incurrir en esta demanda y en cualquier otro acto procesal, en caso de existir los mismos.

En su virtud,

SUPLICO AL JUZGADO/A LA SECCIÓN:

Que tenga por realizada la anterior manifestación a los efectos legales oportunos.

Mismo lugar y fecha ut supra.

[FIRMAS]

(1) Por la reforma realizada por la LO 1/2025, de 2 de enero, una vez implantados de forma efectiva los tribunales de instancia (D.T. 1.ª), todas las referencias realizadas a los juzgados unipersonales se entenderán realizadas a las secciones del orden jurisdiccional correspondiente de los tribunales de instancia.

(2) Si la demanda se hubiese presentado antes del 20 de marzo de 2024, el procedimiento aplicable hubiera sido el del juicio ordinario, ya que antes de la reforma introducida por el Real Decreto-ley 6/2023, de 19 de diciembre, el art. 249.1.5.º de la LEC disponía que estas demandas se encontraban incluidas en el ámbito del juicio ordinario.

(3) Añadir cualquier otro motivo por el que se considere la cláusula abusiva, teniendo en cuenta los **parámetros ofrecidos por el TS** para valorar la abusividad en este tipo de cláusulas.

(4) No se admitirán las demandas que tengan por objeto las acciones de reclamación de devolución de las cantidades indebidamente satisfechas por el consumidor en aplicación de determinadas cláusulas suelo o de cualesquiera otras cláusulas que se consideren abusivas contenidas en contratos de préstamo o crédito garantizados con hipoteca inmobiliaria cuando no se acompañe a la demanda documento que justifique haber practicado el consumidor una reclamación previa extrajudicial a la persona física o jurídica que realice la actividad de concesión de préstamos o créditos de manera profesional, con el fin de que reconozca expresamente el carácter abusivo de dichas cláusulas, con la consiguiente devolución de las cantidades indebidamente satisfechas por el consumidor. (Art. 439.5 de la LEC).

(5) El artículo 85 de la LOPJ ha sido modificado por la LO 1/2025, de 2 de enero, con efectos desde el 23 de enero de 2025.

(6) La LO 1/2025, de 2 de enero ha modificado el artículo 543 de la LOPJ, con efectos desde el 23 de enero de 2025, y los artículos 23 y 31 de la LEC, con efectos desde el 3 de abril de 2025.

(7) La Ley 2/1981, de regulación del mercado hipotecario ha sido derogada por el RD-ley 24/2021, de 2 de noviembre.

(8) El artículo 394 de la LEC ha sido modificado por la LO 1/2025, de 2 de enero, con efectos desde el 3 de abril de 2025.